Ein Band der Tusculum-Bücher

Dr. Wilhelm Plankl

Alkiphron
Hetärenbriefe

Griechisch und deutsch

————————————

Vierte Auflage

Ernst Heimeran in München

Umschlag- und Titelbild nach griechischen Vasenzeichnungen
8.–10. Tausend 1942 · Druck der Offizin Haag-Drugulin, Leipzig

Meinem Lehrer

Ludwig Radermacher

zugeeignet

Βακχὶς Ὑπερείδῃ

Πᾶσαί σοι ἴσμεν αἱ ἑταῖραι χάριν καὶ ἑκάστη γε ἡμῶν οὐχ ἧττον ἢ Φρύνη. ὁ μὲν γὰρ ἀγὼν μόνης Φρύνης, ὃν ὁ παμπόνηρος Εὐθίας ἐπανείλετο, ὁ δὲ κίνδυνος ἁπασῶν. Εἰ γὰρ αἰτιοῦσαι παρὰ τῶν ἐραστῶν ἀργύριον οὐ τυγχάνομεν ἢ τοῖς διδοῦσιν τυγχάνουσαι ἀσεβείας κριθησόμεθα, πεπαῦσθαι κρεῖττον ἡμῖν τοῦ βίου τούτου καὶ μηκέτι ἔχειν πράγματα μηδὲ τοῖς ὁμιλοῦσι παρέχειν. Νῦν δ᾽ οὐκέτι τὸ ἑταιρεῖν αἰτιασόμεθα, ὅτι πονηρὸς Εὐθίας ἐραστὴς εὑρέθη, ἀλλ᾽ ὅτι ἐπιεικὴς Ὑπερείδης ζηλώσομεν. πολλὰ τοίνυν ἀγαθὰ γένοιτό σοι τῆς φιλανθρωπίας. Καὶ γὰρ ἑταίραν χρηστὴν σεαυτῷ περιεσώσω, καὶ ἡμᾶς ἀμειψομένας σε ἀντ᾽ ἐκείνης παρεσκεύασας. εἰ δὲ δὴ καὶ τὸν λόγον γράψαις τὸν ὑπὲρ τῆς Φρύνης, τότε ἂν ὡς ἀληθῶς χρυσοῦν αἱ ἑταῖραί σε στήσαιμεν ὅπῃ ποτὲ βούλει τῆς Ἑλλάδος.

Βακχὶς Φρύνῃ

Οὐ τοσοῦτόν σοι τοῦ κινδύνου συνηχθέσθην, φιλτάτη, ὅσον ὅτι πονηροῦ μὲν ἀπηλλάγης ἐραστοῦ χρηστὸν δὲ εὗρες Ὑπερείδην, συνήσθην. τὴν γὰρ δίκην σοι καὶ πρὸς εὐτυχίαν γεγονέναι νο-

Bakchis an Hypereides

Wir Hetären sagen Dir alle Dank, und zwar jede einzelne von uns nicht minder als Phryne. Denn der Prozeß, den der Erzschuft Euthias angestrengt hatte, betraf zwar Phryne allein, bedeutete aber für uns alle Gefahr. Wenn wir nämlich trotz unserer Bitten von unseren Liebhabern kein Geld bekommen, oder wenn wir dafür, daß wir nur denen, die uns etwas schenken, gefällig sind, wegen Gottlosigkeit belangt werden, dann ist es für uns alle gescheiter, unser Gewerbe an den Nagel zu hängen: so haben wir weder noch machen wir unseren Freunden Scherereien. Nun werden wir aber über unseren Beruf nicht mehr klagen, weil sich Euthias als schuftiger Liebhaber erwiesen hat, nein, wir werden ihn hochhalten, weil Hypereides sich als rechtlich denkender Mann bewährt hat. Möge Dir nun Deine Menschenfreundlichkeit viel Glück bringen! Du hast Dir eine wertvolle Geliebte gesichert und uns Dir an ihrer Stelle verpflichtet gemacht. Wenn Du nun auch noch Deine Rede für Phryne niederschriebest, würden wir Hetären Dir wahrhaft ein goldenes Standbild setzen, wo immer in Hellas Du es wünschst.

Bakchis an Phryne

Meine Angst, o Teuerste, über die Gefahr, in der Du schwebtest, war lange nicht so groß wie meine Freude darüber, daß Du nun einen schuftigen Liebhaber los bist und in Hypereides einen anständigen Menschen gefun-

7

μίζω. διαβόητον γάρ σε οὐκ ἐν ταῖς Ἀθήναις μόνον, ἀλλὰ καὶ ἐν τῇ Ἑλλάδι ἁπάσῃ ὁ ἀγὼν ἐκεῖνος πεποίηκεν.

Εὐθίας μὲν οὖν ἱκανὴν τιμωρίαν δώσει τῆς σῆς ὁμιλίας στερούμενος· ὑπὸ γὰρ ὀργῆς μοι δοκεῖ κινηθεὶς διὰ τὴν ἔμφυτον ἀμαθίαν ὑπερᾶραι τὸ μέτρον τῆς ἐρωτικῆς ζηλοτυπίας. καὶ νῦν ἐκεῖνον ἐρῶντα μᾶλλον εὖ ἴσθι ἢ Ὑπερείδην. ὁ μὲν γὰρ διὰ τὴν τῆς συνηγορίας χάριν δῆλός ἐστι σπουδάζεσθαι βουλόμενος καὶ ἐρώμενον ἑαυτὸν ποιῶν ὁ δὲ τῷ ἀποτεύγματι τῆς δίκης παρώξυνται. προσδέχου δὴ πάλιν ἀπ' αὐτοῦ δεήσεις καὶ λιτανείας καὶ πολὺ χρυσίον. μὴ δὴ καταδιαιτήσῃς ἡμῶν, ὦ φιλτάτη, τῶν ἑταιρῶν, μηδ' Ὑπερείδην κακῶς δόξαι βεβουλεῦσθαι ποιήσῃς τὰς Εὐθίου ἱκεσίας προσιεμένη, μηδὲ τοῖς λέγουσί σοι ὅτι, εἰ μὴ τὸν χιτωνίσκον περιρρηξαμένη τὰ μαστάρια τοῖς δικασταῖς ἐπέδειξας, οὐδὲν ἂν ὁ ῥήτωρ ὠφέλει, πείθου. καὶ γὰρ αὐτὸ τοῦτο ἵνα ἐν καιρῷ γένηταί σοι ἡ ἐκείνου παρέσχε συνηγορία.

Βακχὶς Μυρρίνῃ

Μὴ δὴ κρείττονος εἴη σοι τυχεῖν ἐραστοῦ, δέσποινα Ἀφροδίτη, ἀλλ' Εὐθίας σοι ὃν νῦν περιέπεις συγκαταβιῴη. τάλαινα γυνὴ τῆς ἀνοίας, ἥτις τῷ τοιούτῳ θηρίῳ προσέφθαρσαι. πλὴν ἴσως τῷ

8

den hast. Die Anklage, so glaube ich, war sogar für Dich ein großes Glück, denn Du bist nicht nur in Athen berühmt geworden, nein, der Prozeß hat Dir auch in ganz Hellas einen Namen gemacht.

Euthias wird nun genug büßen, da er den Verkehr mit Dir verloren hat. Denn meiner Meinung nach hat er im Zorn aus angeborener Dummheit das Maß der Eifersucht eines Liebhabers überschritten. Aber wisse, daß er Dich auch jetzt noch mehr liebt als Hypereides, denn es ist klar, daß dieser aus Dank für seine Verteidigung mehr Liebe und Zärtlichkeit verlangt, während jener durch den mißlichen Ausgang des Prozesses nun erst recht erregt ist. Mach Dich von Euthias bald wieder auf flehentliche Bitten und eine Menge Geld gefaßt. Aber, Liebste, bringe uns Hetären in kein schlechtes Licht, laß Dich von Bitten und Beschwörungen des Euthias nicht erweichen, damit Hypereides nicht glauben muß, er habe Unwürdigen seinen Beistand geliehen. Gib auch nichts auf die, die sagen, daß Dir der Anwalt gar nichts genützt hätte, wenn Du Dir nicht das Kleid aufgerissen und den Richtern Deine Brust gezeigt hättest, denn daß Du dies eben im richtigen Augenblick tun konntest, verdankst Du doch nur seiner Verteidigung.

Bakchis an Myrrhine

Nie mehr möge Dich ein besserer Liebhaber beglücken, bei der allmächtigen Aphrodite, sondern mit Euthias, mit dem Du Dich jetzt abgibst, sollst Du bis zum Tode zusammenleben. Armes, einfältiges Frauenzimmer, das Du mit

κάλλει πεπίστευκας· Μυρρίνην γὰρ στέρξει δῆλον ὅτι Φρύνην ὑπεριδών. Ἀλλ' ἔοικας κνίσαι τὸν Ὑπερείδην βεβουλῆσθαι ὡς ἔλαττόν σοι νῦν προσέχοντα. κἀκεῖνος ἑταίραν ἔχει ἀξίαν ἑαυτοῦ καὶ σὺ ἐραστὴν σοὶ πρέποντα. αἴτησόν τι παρ' αὐτοῦ, καὶ ὄψει σεαυτὴν ἢ τὰ νεώρια ἐμπεπρηκυῖαν ἢ τοὺς νόμους καταλύουσαν. ἴσθι γοῦν ὅτι παρὰ πάσαις ἡμῖν ταῖς τὴν φιλανθρωποτέραν Ἀφροδίτην προτιμώσαις μεμίσησαι.

Μεγάρα Βακχίδι

Σοὶ μόνῃ ἐραστὴς γέγονεν, ὃν φιλεῖς οὕτως ὥστε μηδ' ἀκαρῆ πως αὐτοῦ διαζευχθῆναι δύνασθαι. τῆς ἀηδίας, δέσποινα Ἀφροδίτη. κληθεῖσα ὑπὸ Γλυκέρας ἐπὶ θυσίαν ἐκ τοσούτου χρόνου – ἀπὸ τῶν Διονυσίων γὰρ ἡμῖν ἐπήγγειλεν – οὐχ ἥκεις, οἶμαι, δι' ἐκεῖνον, οὐδὲ τὰς φίλας ἰδεῖν γυναῖκας ἀνασχομένη. σώφρων γέγονας σὺ καὶ φιλεῖς τὸν ἐραστήν, μακαρία τῆς εὐφημίας· ἡμεῖς δὲ πόρναι καὶ ἀκόλαστοι. ὑπῆρξε καὶ Φίλωνι συκίνη βακτηρία· ὀργίζομαι γὰρ νὴ τὴν μεγάλην θεόν. πᾶσαι παρῆμεν, Θεττάλη, Μοσχάριον, Θαΐς, Ἀνθράκιον, Πετάλη, Θρυαλλίς, Μυρρίνη, Χρυσίον, Εὐξίππη· ὅπου καὶ Φιλουμένη, καίτοι γεγαμημένη προσφάτως καὶ ζηλοτυπουμένη, τὸν κα

diesem Scheusal ruiniert bist. Außer Du hättest vielleicht auf Deine Schönheit gebaut: aber es ist doch klar, daß er jetzt Myrrhine liebt, da er Phryne nicht mehr mag. Anscheinend willst Du den Hypereides ärgern, weil er sich jetzt weniger um Dich kümmert. Der hat eine ebenbürtige Geliebte und Du einen Liebhaber, der ganz zu Dir paßt. Aber verlange nur einmal etwas von ihm, und Du wirst sehen, daß Du die Schiffswerfte in Brand gesteckt hast oder die Verfassung brichst. Merke Dir das eine: Von uns allen, die wir der menschenfreundlichen Aphrodite vor allem dienen, wirst Du deshalb verachtet.

Megara an Bakchis

Dir allein ist ein Freund beschieden, in den Du so vernarrt bist, daß Du Dich nicht einmal auf kurze Zeit von ihm trennen kannst. Herrin Aphrodite! Wie unhöflich! Seit langem bist Du von Glykera zum Opferfeste eingeladen worden — denn schon zu den Dionysien hat sie uns die Einladungen zugehen lassen —, aber Du bist offenbar seinetwegen nicht gekommen und kannst Dich nicht einmal zu einem Besuch Deiner Freundinnen entschließen. Du bist plötzlich vernünftig geworden und liebst Deinen Freund — werde glücklich mit Deinem guten Leumund. Wir sind natürlich nur freche Dirnen. Na, „es geht mancher auf morschen Krücken"! Bei unserer großen Göttin, ich bin wirklich wütend auf Dich. Alle waren wir da, Thettale, Moscharion, Thais, Anthrakion, Petale, Thryallis, Myrrhine, Chrysion, Euxippe, ja selbst Philumene,

λὸν κατακοιμίσασα τὸν ἄνδρα ὀψὲ μὲν ὅμως δὲ παρῆν. σὺ δ' ἡμῖν μόνη τὸν Ἄδωνιν περιέψυχες, μή που καταλειφθέντα αὐτὸν ὑπὸ σοῦ τῆς Ἀφροδίτης ἡ Περσεφόνη παραλάβῃ. Οἶον ἡμῶν ἐγένετο τὸ συμπόσιον – τί γὰρ οὐχ ἅψομαί σου τῆς καρδίας; – ὅσων χαρίτων πλῆρες. ᾠδαὶ σκώμματα πότος εἰς ἀλεκτρυόνων ᾠδὰς μύρα στέφανοι τραγήματα. ὑπόσκιός τισι δάφναις ἦν ἡ κατάκλισις· ἓν μόνον ἡμῖν ἔλιπε, σύ, τὰ δ' ἄλλα οὔ. πολλάκις ἐκραιπαλήσαμεν, οὕτω δὲ ἡδέως ὀλιγάκις. τὸ δ' οὖν πλείστην ἡμῖν παρασκευάσαν τέρψιν, δεινή τις φιλονεικία κατέσχε Θρυαλλίδα καὶ Μυρρίνην ὑπὲρ τῆς πυγῆς ποτέρα κρείττω καὶ ἁπαλωτέραν ἐπιδείξει. καὶ πρώτη Μυρρίνη τὸ ζώνιον λύσασα – βόμβυξ δ' ἦν τὸ χιτώνιον – δι' αὐτοῦ τρέμουσαν οἷόν τι μελίπηκτον γάλα τὴν ὀσφῦν ἀνεσάλευσεν, ἀποβλέπουσα εἰς τοὐπίσω πρὸς τὰ κινήματα τῆς πυγῆς· ἠρέμα δ' οἷον ἐνεργοῦσά τι ἐρωτικὸν ὑπεστέναξεν, ὥστε με νὴ τὴν Ἀφροδίτην καταπλαγῆναι. οὐ μὴν ἀπεῖπέ γε ἡ Θρυαλλίς, ἀλλὰ τῇ ἀκολασίᾳ παρευδοκίμησεν αὐτήν· 'οὐ γὰρ διὰ παραπετασμάτων ἐγώ' φησίν 'ἀγωνιοῦμαι, οὐδὲ ἀκκιζομένη, ἀλλ' οἷον ἐν γυμνικῷ· καὶ γὰρ οὐ φιλεῖ προφάσεις ἀγών'. ἀπεδύσατο τὸ χιτώνιον καὶ μικρὸν ὑποσιμώσασα τὴν ὀσφῦν 'ἰδού, σκόπει τὸ χρῶμα' φησίν 'ὡς ἄκρηβες, Μυρρίνη, ὡς ἀκήρατον, ὡς καθαρόν,

12

obwohl sie sich erst kürzlich verheiratet hat und noch
dazu eifersüchtig bewacht wird. Nachdem sie ihren Göt-
tergatten glücklich ins Bett gebracht hatte, erschien sie,
spät zwar, aber sie kam. Nur Du allein von uns mußtest
Deinen Adonis hüten, damit nicht, wenn Du ihn allein
ließest, Dir, der Aphrodite, die Persephone ihn raubt.
Wie großartig war doch unser Gelage! Warum soll ich
Dir nicht das Herz schwer machen? — Es war einfach
gottvoll! Gesang, Witze, ein Trinkgelage bis zum Hah-
nenschrei. Öl, Blumen und allerlei Näschereien! Gelagert
waren wir im Schatten einiger Lorbeerbäume. Nur eines
fehlte uns — Du — sonst nichts. Oft haben wir schon gezecht, aber nie so köstlich. Und was uns am meisten
amüsiert hat — zwischen Thryallis und Myrrhine war
ein fürchterlicher Streit darüber ausgebrochen, welche
die schöneren und graziöseren vier Buchstaben zeigen
könne. Zuerst löste Myrrhine ihren Gürtel — die seidene
Unterwäsche behielt sie an, und unter dieser wiegte sie
ihre Hüften hin und her, daß sie vibrierten wie dicke,
fette Milch, dabei sah sie nach rückwärts auf die Be-
wegungen ihrer Hinterbacken und seufzte auf, als ob sie
in Liebesekstase wäre, so daß ich wahrlich, bei Aphrodite, ganz weg war. Aber auch Thryallis war nicht prüde,
sondern übertraf Myrrhine noch an Ungeniertheit. Sie
rief: „Ich will in keinem auch noch so dünnen Gewand
streiten und nicht spröde tun, sondern ganz nackt wie im
Ringkampf. Denn der Kampf liebt Vorwände nicht." Sie
streifte ihre Kleider ab, bog die Hüften ein wenig seit-
wärts und sagte: „Schau Dir diese Farbe an, wie tadellos,

τὰ παραπόρφυρα τῶν ἰσχίων ταυτί, τὴν ἐπὶ τούς μηροὺς ἔγκλισιν, τὸ μήτε ὑπέρογκον αὐτῶν μήτε ἄσαρκον, τοὺς γελασίνους ἐπ' ἄκρων. ἀλλ' οὐ τρέμει νὴ Δία' ἄμ' ὑπομειδιῶσα 'ὥσπερ ἡ Μυρρίνης'. καὶ τοσοῦτον παλμὸν ἐξειργάσατο τῆς πυγῆς, καὶ ἅπασαν αὐτὴν ὑπὲρ τὴν ὀσφῦν τῇδε καὶ τῇδε ὥσπερ ῥέουσαν περιεδίνησεν, ὥστε ἀνακροτῆσαι πάσας καὶ νικᾶν ἀποφήνασθαι τὴν Θρυαλλίδα. ἐγένοντο δὲ καὶ περιάλλων συγκρίσεις κα περὶ μασταρίων ἀγῶνες ... τῇ μὲν γὰρ Φιλουμένης γαστρὶ ἀντεξετασθῆναι οὐδ' ἡτισοῦν ἐθάρσησεν· ἄτοκος γὰρ ἦν καὶ σφριγῶσα.
Καταπαννυχίσασαι δ' οὖν καὶ τοὺς ἐραστὰς κακῶς εἰποῦσαι καὶ ἄλλων ἐπιτυχεῖν εὐξάμεναι – ἀεὶ γὰρ ἡδίων ἡ πρόσφατος ἀφροδίτη – ᾠχόμεθα ἔξοινοι, καὶ πολλὰ κατὰ τὴν ὁδὸν κραιπαλήσασαι ἐπεκωμάσαμεν Δεξιμάχῳ κατὰ τὸν χρυσοῦν στενωπόν, ὡς ἐπὶ τὴν Ἁγνον κατῇμεν, πλησίον τῆς Μενέφρονος οἰκίας. ἐρᾷ γὰρ αὐτοῦ Θαΐς κακῶς, καὶ νὴ Δία εἰκότως· ἔναγχος γὰρ πλούσιον κεκληρονόμηκε πατέρα τὸ μειράκιον.
Νῦν μὲν οὖν συγγνώμην ἔχομέν σοι τῆς ὑπεροψίας, τοῖς Ἀδωνίοις δὲ ἐν Κολλυτῷ ἑστιώμεθα παρὰ τῷ Θετταλῆς ἐραστῇ· τὸν γὰρ τῆς Ἀφροδίτης ἐρώμενον ἡ Θετταλὴ στέλλει. ὅπως δ' ἥξεις φέρουσα κηπίον καὶ κοράλλιον καὶ τὸν σὸν Ἄδωνιν ὃν νῦν περιψύχεις· μετὰ γὰρ τῶν ἐραστῶν κραιπαλήσομεν. ἔρρωσο.

Myrrhine, wie fleckenlos, wie rein diese rosigen Hüften und da den Übergang zu den Schenkeln, weder zu dick noch zu mager, auf den Hügeln die Grübchen! Bei Zeus, sie wackeln nicht wie die der Myrrhine!" und dabei lachte sie mutwillig und schwang ihr Hinterteil, daß die Bewegung in einem Fluß über die Hüften rann, so daß alle Beifall klatschten und den Sieg der Thryallis zuerkannten. Es wurden dann noch Vergleiche mit den Hüften angestellt, und auch über die Brüste entbrannte ein Streit . . . Keine wagte mit Philumene den Bauch zu messen, denn er ist straff, durch keine Geburt verunstaltet.

Als wir so die ganze Nacht verbracht, über unsere Liebhaber geschimpft und uns andere gewünscht hatten — denn neue Liebe bringt neuen Reiz —, brachen wir in Weinstimmung auf. Und nach manch ausgelassenem Scherz unterwegs zog unser übermütiger Schwarm, als wir zur Agnosgasse hinabstiegen, zu Deximachos im goldenen Gäßchen, nächst dem Hause des Menephron. Diesen liebt nämlich Thais toll, und das hat seinen guten Grund, denn erst vor kurzem ist dem Jüngling der große Reichtum seines Vaters durch Erbschaft zugefallen.

Für diesmal wollen wir Dir Deinen Hochmut noch verzeihen. Aber am Feste des Adonis werden wir beim Freunde der Thettale in Kollytos speisen, die das Fest des Geliebten der Aphrodite berrichten will. Schau, daß Du mit Blumen Deines Gärtchens, Deinem Korallenschmuck und Deinem Adonis kommst, den Du jetzt hätschelst, denn wir werden mit unseren Freunden zusammen zechen! Leb' wohl!

15

＊　＊　＊　＊　＊

... ἐραστοῦ χωρίον Νύμφαις θυσίαν λέγουσα
ὀφείλειν. εἴκοσιν ἀπέχει τῆς πόλεως στάδια· αὐτὸ
δ' ἐστὶ λειμών τις ἢ κῆπος· ὀλίγη δὲ παρὰ τὴν
ἔπαυλιν ἀνεῖται σπόριμος, τὰ δὲ λοιπὰ κυπαρίττια
καὶ μυρρίναι, ἐρωτικοῦ, φίλη, κτημάτιον ὄντως,
οὐ γεωργοῦ.
Εὐθὺς μὲν ἡ ἄμφοδος ἡμῶν εἶχέ τινα παιδιάν
τὰ μὲν γὰρ ἀλλήλας ἐσκώπτομεν ἢ τοὺς ἐραστάς,
τὰ δ' ὑπὸ τῶν ὑπαντώντων ἐρρινώμεθα. Νικίας
δ' ὁ λάσταυρος οὐκ οἶδα πόθεν ἐπανιών 'ποῦ'
φησιν ἡμῖν 'ἀθρόαι; τίνος ἄπιτε καταπιεῖν ἀγρόν;
μακάριον ἐκεῖνο τὸ χωρίον ὅποι βαδίζετε, ὅσας
ἕξει συκᾶς'. τοῦτον μὲν οὖν Πετάλη ἀπεσόβησε
κωμῳδήσασα ἀκολάστως. ἀπέπτυσε γὰρ ἡμᾶς καὶ
ἀκαθάρτους εἰπὼν ἀπεφθάρη. ἡμεῖς δὲ πυρακάν-
θας ἀφαιροῦσαι καὶ κλωνία καὶ ἀνεμώνας συλ-
λέγουσαι παρῆμεν αἰφνιδίως· ἔλαθε δ' ἡμᾶς ἡ
ὁδὸς διὰ τὴν παιδιὰν ὡς οὐδ' ἂν ᾠήθημεν ταχέως
ἀνυσθεῖσα.
Εὐθὺς δὲ περὶ τὴν θυσίαν ἦμεν. μικρὸν δὲ ἄπωθεν τῶν ἐπαυλίων πέτρα τις ἦν συνηρεφὴς κατὰ
κορυφὴν δάφναις καὶ πλατανίστοις, ἑκατέρωθεν
δὲ μυρρίνης εἰσὶ θάμνοι, καί πως ἐξ ἐπιπλοκῆς
αὐτὴν περιθεῖ κιττὸς ἐν χρῷ τῇ λίθῳ προσπεφυ-
κώς· ἀπὸ δὲ αὐτῆς ὕδωρ ἀκήρατον ἐστάλαττεν.
ὑπὸ δὲ ταῖς ἐξοχαῖς τῶν πετριδίων Νύμφαι τινὲς
ἵδρυνται καὶ Πὰν οἷον κατοπτεύων τὰς Ναΐδας

16

Von einer unbekannten Schreiberin an Bakchis?

(Melissa hat uns unlängst alle) auf das Gut ihres Freundes zur Festfeier eingeladen, die sie nach ihrer Meinung den Nymphen schuldig ist. Das Gut liegt zwanzig Stadien von der Stadt entfernt, es besteht eigentlich nur aus einem Park oder Garten, ein kleines Saatfeld liegt noch bei dem Haus, das übrige sind Zypressen- und Myrtengebüsche, — wahrhaftig, o Beste, der Besitz eines Lebemannes und nicht der eines Bauern.

Schon der Hinweg brachte uns mancherlei Zeitvertreib, bald neckten wir uns gegenseitig oder unsere Verehrer, oder wir wurden von den Leuten, die uns begegneten, aufgezogen. Da kam auf einmal wie dahergeschneit Nikias, der Galgenstrick, des Weges und rief uns zu: „Wohin alle miteinander? Wessen Landgut zu vertrinken habt ihr euch heute in den Kopf gesetzt? Glücklich der Ort, wohin ihr eure Füße setzt, denn er wird viele Feigen tragen!" Petale drängte ihn weg und riß derbe Witze über ihn, indem er ausspuckte, gab er seine Abscheu vor uns kund, nannte uns schmutzig und weg war er. Wir rissen Feuerdorn ab, suchten Ranunkeln und Anemonen, und schon waren wir am Ziele. Unter Scherzen war der Weg, schneller als wir gedacht hatten, und ohne daß wir es gewahrten, zurückgelegt.

Sofort schritten wir ans Opfer. Nahe beim Hause ist ein Fels, dessen Gipfel von Lorbeerbäumen und Platanen dicht beschattet ist, zu beiden Seiten sind Myrtensträuche, und der Epheu ist wie von Natur aus mit dem kahlen

ὑπερέκυπτεν· ἀντικρὺ βωμὸν αὐτοσχεδίως ἐνή-
σαμεν, εἶτα σχιζία καὶ πόπανα ἐπ' αὐτῷ θέμεναι
καταρχόμεθα λευκῆς ἀλεκτορίδος, καὶ μελίκρα-
τον ἐπισπείσασαι καὶ λιβανωτὸν ἐπιθυμιάσασαι
τῷ πυριδίῳ καὶ προσευξάμεναι πολλὰ μὲν ταῖς
Νύμφαις πλείω δὲ ἢ οὐκ ἐλάττω τῇ Ἀφροδίτῃ,
ἱκετεύομεν διδόναι τινὰ ἡμῖν ἐρωτικὴν ἄγραν.
Τὸ λοιπὸν εὐτρεπεῖς ἐπὶ τὴν εὐωχίαν ἦμεν. "Ἴω-
μεν' ἔφη ἡ Μέλισσα 'οἴκαδε καὶ κατακλινῶμεν'·
'μὴ μὲν οὖν πρός τε τῶν Νυμφῶν καὶ τοῦ Πα-
νός' εἶπον ἐγώ 'τούτου· ὁρᾷς γὰρ ὥς ἐστιν ἐρω-
τικός· ἡδέως ἂν ἡμᾶς ἐνταῦθα κραιπαλώσας ἴδοι·
ἀλλ' ὑπὸ ταῖς μυρρίναις ἦν ἰδοὺ τὸ χωρίον ὡς
ἔνδροσόν ἐστιν ἐν κύκλῳ καὶ τρυφεροῖς ἄνθεσι
ποικίλον. ἐπὶ ταύτης βουλοίμην ἂν τῆς πόας κα-
τακλιθῆναι ἢ ἐπὶ τῶν ταπητίων ἐκείνων καὶ τῶν
μαλθακῶν ὑποστρωμάτων. νὴ Δία, ἀλλὰ ἔχει γέ
τι πλέον τῶν ἐν ἄστει τἀνταῦθα συμπόσια, ἔνθα
ἀγροῦ ὑπαίθριοι χάριτες·' 'ναὶ ναί, λέγεις καλῶς'
ἔφασαν· εὐθὺς οὖν κατακλώμεναι αἱ μὲν σμίλα-
κος αἱ δὲ μυρρίνης κλάδους καὶ τὰ χλανίσκια
ἐπιστορέσασαι αὐτοσχεδίως συνερρίψαμεν. ἦν δὲ
καὶ τοὔδαφος λωτῷ καὶ τριφύλλῳ μαλθακόν· ἐν
μέσῳ κύκλῳ καί τινες ὑάκινθοι καὶ ἄνθεμα δια-
ποίκιλα τὴν ὄψιν ὥραζον· ἐαρινοῖς ἐφιζάνουσαι
πετάλοις ἡδὺ καὶ κωτίλον ἀηδόνες ἐψιθύριζον,
ἠρέμα δὲ οἱ σταλαγμοὶ καταλειβόμενοι ἀπὸ τῆς
οἷον ἱδρούσης σπιλάδος τρυφερόν τινα παρεῖχον
ψόφον ἐαρινῷ πρέποντα συμποσίῳ.

Gestein verwachsen, hell sprudelt ein Quell herunter. Unter dem überragenden Felsen sind einige Statuen von Nymphen errichtet, und ein Pan beugt sich darüber, als ob er sie belauschte. Auf der anderen Seite improvisierten wir einen Altar, legten Scheiter und Kuchen darauf, schlachteten ein weißes Huhn, gossen Honigwein zu, entzündeten den Weihrauch im Feuer und beteten andächtig zu den Nymphen, mindestens aber noch andächtiger zu Aphrodite um eine gute Liebesbeute.

Schließlich bekamen wir Appetit auf ein gutes Mittagessen. „Wir wollen ins Haus gehen", sagte Melissa, „und uns zu Tische legen." „Um der Nymphen und um Pans willen nicht", rief ich, „du siehst doch, wie lüstern er ist, gar zu gern möchte er uns hier im Rausche liegen sehen. Sieh nur, wie da unter den Myrtensträuchern der Boden ringsum feucht ist und gesprenkelt von üppig wachsenden Blumen. Auf diesen Rasen möchte ich mich lieber hinstrecken als auf Teppich und weiche Kissen. Bei Zeus, so ein Gelage hier heraußen unter freiem Himmel ist viel schöner als drinnen in der Stadt." „Ja, gewiß, du hast recht", riefen die anderen, und sofort sammelten wir Eiben- und Myrtenzweige, legten unsere Mäntel darüber und machten uns sogleich ein Lager zurecht. Der Boden war weich vom Lotos und vom Klee. In der Mitte schmückten Hyazinthen und bunte Blumen das Bild. Reizend und beredt schlugen die Nachtigallen im Frühlingslaub. Vom feuchten Fels rieselten still Tropfen herab, und ihr leises Geplätscher paßte so recht zum Frühlingsgelage.

19

Οἶνος ἦν οὐκ ἐπιχώριος, ἀλλὰ Ἰταλός, οἴου σὺ ἔφης καδίσκους ἐξ Ἐλευσῖνι ἐωνῆσθαι, σφόδρα ἡδὺς καὶ ἄφθονος· ᾠά τε τὰ τρέμοντα ταῦτα ὥσπερ αἱ πυγαί, καὶ χιμαιρίδος ἀπαλῆς τεμάχη καὶ ἀλεκτορίδες οἰκουροί· εἶτα γαλάκτια ποικίλα, τὰ μὲν μελίπηκτα τὰ δ' ἀπὸ ταγήνου – πυτίας μοι δοκεῖ καλοῦσιν αὐτὰ καὶ σκώληκας τὰ πεμμάτια – ὅσα τε ἀγρὸς ἡμῖν ἐαρινῆς ὀπώρας ἐπεδαψιλεύετο. μετὰ δὲ τοῦτο συνεχῶς περιεσόβουν αἱ κύλικες· καὶ προπιεῖν μέτρον ἦν πλὴν τρεῖς φιλοτησίας οὐ τὸ ποσόν. ἐπιεικῶς δέ πως τὰ μὴ προσηναγκασμένα τῶν συμποσίων τῷ συνεχεῖ τὸ πλεῖον ἀναλαμβάνει· ὑπεψεκάζομεν οὖν μικροῖς τισι κυμβίοις ἀλλεπαλλήλοις. καὶ παρῆν Κρουμάτιον ἡ Μεγάρας καταυλοῦσα, ἡ δὲ Σιμμίχη ἐρωτικὰ μέλη πρὸς τὴν ἁρμονίαν ᾖδεν. ἔχαιρον αἱ ἐπὶ τῆς πίδακος Νύμφαι. ἡνίκα δὲ ἀναστᾶσα κατωρχήσατο καὶ τὴν ὀσφῦν ἀνεκίνησεν ἡ Πλαγγών, ὀλίγου ὁ Πὰν ἐδέησεν ἀπὸ τῆς πέτρας ἐπὶ τὴν πυγὴν αὐτῆς ἐξάλλεσθαι. αὐτίκα δὲ ἡμᾶς ἔνδον ἐδόνησεν ἡ μουσικὴ καὶ ὑποβεβρεγμένον εἴχομεν τὸν νοῦν· οἶδας ὅ τι λέγω. τὰς τῶν ἐραστῶν χεῖρας ἐμαλάττομεν τοὺς δακτύλους ἐκ τῶν ἁρμῶν ἠρέμα πως χαλῶσαι, καὶ πρὸς Διονύσῳ ἐπαίζομεν· καί τις ἐφίλησεν ὑπτιάσασα καὶ μασταρίων ἐφῆκεν ἅψασθαι, καὶ οἷον ἀποστραφεῖσα ἀτεχνῶς τοῖς βουβῶσι τὸ κατόπιν τῆς ὀσφύος προσαπέθλιβε. διανίστατο δὲ ἤδη ἡμῶν μὲν τῶν γυναικῶν τὰ πάθη, τῶν ἀνδρῶν δὲ ἐκεῖνα.

Der Wein war kein hiesiger, sondern ein sehr süßer italischer, von dem Du, wie Du sagst, einmal in Eleusis sechs Krüge gekauft hast, es gab, soviel wir wollten. Wir aßen Eierspeise, die so flaumig war wie die Hinterbacken, dann Fleisch von zarten Ziegen und Haushühnern, außerdem verschiedene Mehlspeisen, Honig- und Pfannkuchen, so nennt man sie, wenn ich nicht irre, in Mengen, wie wir sie eben im Frühjahr auf dem Lande bekommen konnten. Danach kreisten ununterbrochen die Becher, Trinkkomment bestand keiner, nur drei Becher auf die Liebe waren vorgeschrieben. Meist wird ja bei Gelagen ohne Trinkzwang durch das häufige Zutrinken mehr genossen, und wir beschwipsten uns tatsächlich mit dem häufigen Nippen. Krumation, die Flötenspielerin der Megara, war auch dabei, und Simmiche sang zu ihrer Begleitung Liebeslieder. Die Nymphen am Quell hatten ihre Freude daran. Als aber Plangon sich erhob und die Hüften im Tanz wiegte, da wäre Pan beinahe vom Fels herab·auf sie von rückwärts losgesprungen. Die Musik brachte sofort unser Blut ins Wallen, auch vom Weine fühlten wir uns etwas benebelt, Du verstehst, was ich meine, wir streichelten die Hände unserer Freunde, lockerten ihnen zart die Finger im Gelenk und unterhielten uns beim Wein. Eine küßte ihren Liebhaber zurückgebeugt, indem sie ihre Brüste betasten ließ und, als ob sie sich zufällig abwendete, preßte sie ihre Hüften zwischen die Schenkel des Mannes. Da regte sich auch schon bei uns Frauen die Lust und auch bei den Männern. Wir stahlen uns davon und fanden gleich daneben ein dichtes

21

ὑπεκδυόμεναι δ οὖν μικρὸν ἄπωθεν συνηρεφῆ
τινα λόχμην εὕρομεν, ἀρκοῦντα τῇ τότε κραι-
πάλῃ θάλαμον. ἐνταῦθα διανεπαυόμεθα τοῦ πό-
του καὶ τοῖς κοιτωνίσκοις ἀπιθάνως εἰσεπαίομεν·
κᾆτα ἡ μὲν κλωνία μυρρίνης συνέδει ὥσπερ
στέφανον ἑαυτῇ πλέκουσα καὶ 'εἰ πρέπει μοι,
φίλη, σκέψαι', ἡ δ' ἴων ἔχουσα κάλυκας ἐπανῄει
'ὡς χρηστὸν ἀποπνεῖ' λέγουσα, ἡ δὲ μῆλα ἄωρα
'ἰδοὺ ταυτί' ἐκ τοῦ κόλπου προφέρουσα ἐπεδείκ-
νυτο, ἡ δὲ ἐμινύριζεν, ἡ δὲ φύλλα ἀπὸ τῶν κλω-
νίων ἀφαιροῦσα διέτρωγεν ὥσπερ ἀκκιζομένη·
καὶ τὸ δὴ γελοιότατον, πᾶσαι γὰρ ἐπὶ τοῦτον ἀνι-
στάμεναι ἀλλήλας λανθάνειν ἐβουλόμεθα· θα-
τέρᾳ δὲ οἱ ἄνθρωποι ὑπὸ τὴν λόχμην παρήρ-
χοντο.

Οὕτως μικρὰ παρεμπορευσαμέναις τῆς ἀφροδίτης
πάλιν συνειστήκει πότος· καὶ οὐκέθ' ἡμῖν ἐδό-
κουν προσβλέπειν ὡς πρότερον αἱ Νύμφαι, ἀλλ'
ὁ Πὰν καὶ ὁ Πρίαπος ἥδιον· ἐμφαγεῖν δ' ἦν πάλιν ὀρνίθια ταυτὶ τὰ τοῖς δικτύοις ἁλισκόμενα
καὶ πέρδικες, καὶ ἐκ τρυγὸς ἥδιστοι βότρυες, καὶ
λαγῳδίων νῶτα. εἶτα κόγχοι καὶ κήρυκες ἦσαν
οἱ ἐξ ἄστεος κομισθέντες, καὶ ἐπιχώριοι κοχλίαι
καὶ μύκητες οἱ ἀπὸ τῶν κομάρων, καὶ σισάρων
εὐκάρδιοι ῥίζαι ὄξει δεδευμέναι καὶ μέλιτι· ἔτι
μέντοι ὃ μάλιστα ἡδέως ἐφάγομεν, θριδακῖναι
καὶ σέλινα· πηλίκαι δοκεῖς θριδακῖναι; πλησίον
δὲ ἦν ὁ κῆπος, καὶ ἑκάστη 'ταύτην ἕλκυσον' 'μὰ
Δία ἀλλά μοι ταύτην' 'μὴ μὲν οὖν ἀλλὰ ἐκεί-

22

Gebüsch, ein schützendes Gemach für unseren Taumel. Hier erholten wir uns etwas von unserem Schwips und stürzten mit unglaublicher Behendigkeit in unsere Bettchen. Dann band die eine Myrtenzweige zusammen wie zu einem Kranze für sich und fragte: „Sieh doch, Liebste, ob er mir steht?", eine andere wiederum kam mit Veilchen und sagte: „Wie sie duften!", eine andere zog unreife Äpfel aus dem Busen, zeigte sie vor und sagte: „Sieh dir das an!", wieder eine andere trällerte ein Liedchen, eine brach Blätter von den Bäumen, nagte daran und stellte sich schmollend. Und das war eben das Erheiternde daran, da wir doch alle zu demselben Zwecke aufgestanden waren und uns nun voreinander zu verstellen suchten. Da kamen von der anderen Seite auch schon die Männer zu uns ins Gebüsch.

Nachdem wir nun ein wenig das Liebesspiel genossen hatten, wurde das Gelage wieder fortgesetzt. Aber die Nymphen schienen uns jetzt nicht mehr so anzublicken wie vorher, dafür weit mehr Pan und — Priapos. Dann wurde wieder getafelt: Vögelchen, die man in Schlingen fängt, und Rebhühner, sehr süße Mosttrauben und Hasenrücken, ferner Muscheln und Schnecken, die aus der Stadt gebracht wurden, hiesige Schnecken, Pilze, welche an den Erdbeerbäumen vorkommen, und zur Magenstärkung Wurzelsalat mit Essig und Honig, und zum Schlusse unsere Lieblingsspeise — Lattich und Sellerie. Und wie groß, meinst Du, war der Lattich? Der Gemüsegarten lag ganz in der Nähe. „Zieh den heraus", „aber, bei Zeus, mir den da", „nicht den, den dort", so

23

νην' ἐλέξαμεν ταῖς θεραπαινίσιν· ἦσαν δὲ αἱ μὲν
εὔφυλλοι καὶ μακραί, αἱ δὲ οὖλαι καὶ βόστρυ
χοις ἐμφερεῖς, ἀλλὰ βραχεῖαι, ὑπόξανθος δέ τις
τοῖς φύλλοις αὐτῶν ἐνεκέχρωστο αὐγή· τὴν Ἀφρο
δίτην λέγουσι ταύτας φιλεῖν. ἐαρίσασαι δ' οὖν
καὶ ἀναξανθεῖσαι τοὺς στομάχους ἐκραιπαλῶμεν
μάλα νεανικῶς μέχρι τοῦ μηδὲ λανθάνειν ἀλλή
λας θέλειν, μηδὲ αἰδουμένως τῆς ἀφροδίτης πα
ρακλέπτειν· οὕτως ἡμᾶς ἐξεβάκχευσαν αἱ προ
πόσεις. μισῶ τὸν ἐκ γειτόνων ἀλεκτρυόνα· κοκ
κύσας ἀφείλετο τὴν παροινίαν.
Ἔδει ἀπολαῦσαί σε τῆς γοῦν ἀκοῆς τοῦ συμπο
σίου – τρυφερὸν γὰρ ἦν καὶ πρέπον ἐρωτικῇ ὁμι
λίᾳ – εἰ καὶ μὴ τῆς παροινίας ἐδυνήθης· ἐβουλό
μην οὖν ἀκριβῶς ἕκαστα ἐπιστεῖλαι καὶ προύτρά
πην· σὺ δὲ εἰ μὲν ὄντως ἔσχηκας μαλακῶς, ὅπως
ἄμεινον ἕξεις σκόπει· εἰ δὲ τὸν ἐραστὴν προσδο
κῶσα ἥξειν ἔνδον οἰκουρεῖς, οὐκ εὐλόγως οἰκου
ρεῖς. ἔρρωσο.

Γλυκέρα Βακχίδι

Ο Μένανδρος ἡμῖν ἐπὶ τὴν τῶν Ἰσθμίων θέαν
εἰς τὴν Κόρινθον ἐλθεῖν βεβούληται· ἐμοὶ μὲν
οὐ κατὰ νοῦν· οἶδα γὰρ οἷόν ἐστιν ἐραστοῦ
τοιούτου καὶ βραχὺν ἐστερῆσθαι χρόνον· ἀπο
τρέπειν δ' οὐκ ἐνῆν μὴ πολλάκις ἀποδημεῖν εἰω
θότα

24

befahlen wir den Mägden, da waren blätterreiche große
und andere kraus wie Lockenhaar, aber kurz, und an
den Blättern hatten sie einen gelben Glanz — diese liebt
angeblich Aphrodite selbst. Als wir so mit dem frischen
Gemüse unsere Mägen wieder in Ordnung gebracht hatten, zechten wir mit solchem Übermut weiter, daß wir
jegliche Scheu voreinander abstreiften und von der Liebe
offen Besitz ergriffen. So hatte uns das Gelage berauscht.
Ich hasse den Hahn des Nachbars, der uns mit seinem
Gekrächze die Weinstimmung verscheuchte.
Dieses Mahl — es war schwelgerisch und einer verliebten Gesellschaft würdig — mußtest Du wenigstens in der
Erzählung mitgenießen, da Du persönlich nicht daran
teilnehmen konntest. Ich wollte Dir alle Details berich-
ten und tat es gerne. Wenn Du wirklich nicht wohl
warst, schau dazu, daß Du Dich wieder erholst. Wenn
Du aber weiterhin aus Deinen vier Wänden nicht her-
ausgehst, weil Du Deinen Geliebten erwartest, tust Du
mir leid. Leb wohl!

Glykera an Bakchis

Mein Menander ist entschlossen, nach Korinth zu reisen,
um sich die Isthmischen Spiele anzusehen, das paßt mir
allerdings gar nicht, weil ich nur zu gut weiß, was es
heißt, einen solchen Geliebten auch nur auf kurze Zeit
entbehren zu müssen. Es war aber nicht möglich, ihn davon abzuhalten, da er ohnedies nur selten verreist.

Οὐδ' ὅπως αὐτὸν παρεγγυήσω μέλλοντα ἐπιδημεῖν ἔχω, οὐδ' ὅπως μή. βούλομαι μὲν αὐτὸν σπουδασθῆναι ὑπὸ σοῦ, κἀμοί τινα φέρειν φιλοτιμίαν τοῦτο λογίζομαι· οἶδα γὰρ τὴν οὖσαν ἡμῖν ἑταιρίαν πρὸς ἀλλήλας· δέδοικα δέ, ὦ φιλτάτη, οὐ σὲ τοσοῦτον – χρηστοτέρῳ γὰρ ἤθει κέχρησαι τοῦ βίου – ὅσον αὐτὸν ἐκεῖνον. ἐρωτικὸς γάρ ἐστι δαιμονίως, καὶ Βακχίδος οὐδ' ἂν τῶν σκυθρωποτάτων τις ἀπόσχοιτο. τὸ μὲν γὰρ δοκεῖν αὐτὸν οὐκ ἔλαττον τοῦ σοὶ ἐντυχεῖν ἢ τῶν Ἰσθμίων ἕνεκεν τὴν ἀποδήμησιν πεποιῆσθαι, οὐ πάνυ πείθομαι. ἴσως αἰτιάσῃ με τῆς ὑποψίας. συγγίνωσκε δὲ ταῖς ἑταιρικαῖς, ὦ φιλτάτη, ζηλοτυπίαις. ἐγὼ δ' οὐ παρὰ μικρὸν ἂν ἡγοίμην Μενάνδρου διαμαρτεῖν ἐραστοῦ. ἄλλως τε κἂν μοι κνισμός τις πρὸς αὐτὸν ἢ διαφορὰ γένηται, δεήσει με ἐπὶ τῆς σκηνῆς ὑπὸ Χρέμητός τινος ἢ Φειδύλου πικρῶς λοιδορεῖσθαι.

Ἐὰν δ' ἐπανέλθῃ μοι οἷος ᾤχετο, πολλὴν εἴσομαί σοι χάριν. ἔρρωσο.

Μένανδρος Γλυκέρᾳ

Ἐγὼ μὰ τὰς Ἐλευσινίας θεάς, μὰ τὰ μυστήρια αὐτῶν, ἅ σοι καὶ ἐναντίον ἐκείνων ὤμοσα πολλάκις, Γλυκέρα, μόνος μόνῃ, ὡς οὐδὲν ἐπαίρω

26

Ich weiß mir keinen Rat, ob ich ihn, da er nun einmal hinkommen will, zu Dir schicken soll oder nicht. Wohl möchte ich, daß er bei Dir eine gute Aufnahme findet und nehme an, daß man dieses Vertrauen zu schätzen weiß. Ich bin mir unserer innigen Freundschaft bewußt, habe aber doch Angst, Liebste, und zwar nicht so sehr Deinetwegen — denn Dein Charakter ist besser als Dein Lebenswandel —, sondern weit mehr seinetwegen, denn er ist außerordentlich erotisch veranlagt, und weil der Bakchis ja doch selbst der größte Griesgram nicht widerstehen könnte. Denn, wenn er auch so tut, als ob er, nicht um mit Dir zusammenzukommen, sondern der Isthmischen Spiele wegen die Reise unternimmt, so kann ich es ihm doch nicht ganz glauben. Vielleicht wirst Du mich argwöhnisch nennen. Aber hab' doch, o Teuerste, Verständnis für die Eifersucht einer Hetäre! Es wäre mir durchaus nicht gleichgültig, Menander als Freund zu verlieren, zumal ich, wenn es zu einem Streit oder gar zu einem Bruch mit ihm käme, obendrein noch auf der Bühne von einem Chremes oder Pheidylos unbarmherzig verspottet würde.

Wenn er mir aber so, wie er ging, wiederkehrt, werde ich Dir zu ewigem Dank verpflichtet sein. Bleib wohlauf!

Menander an Glykera

Bei den Gottheiten von Eleusis und ihren Mysterien, bei denen ich Dir, Glykera, schon so oft, wenn wir allein waren, in der Göttinnen Gegenwart geschworen habe,

τάμά ούδέ βούλομαι σου χωρίζεσθαι, ταῦτα καὶ λέγω καὶ γράφω. τί γάρ ἐμοὶ χωρὶς σοῦ γένοιτ' ἂν ἥδιον; τίνι δ' ἐπαρθῆναι μεῖζον ἂν δυναίμην τῆς σῆς φιλίας; ἐπεὶ καὶ τὸ ἔσχατον ἡμῶν γῆρας διὰ τοὺς σοὺς τρόπους καὶ τὰ σὰ ἤθη νεότης ἀεὶ φανεῖταί μοι. καὶ συννεάσαιμεν ἀλλήλοις καὶ συγγηράσαιμεν, καὶ νὴ τοὺς θεοὺς συναποθάνοι-μεν, ἀλλ' αἰσθανόμενοι, Γλυκέρα, ὅτι συναπο-θνήσκομεν, ἵνα μηδετέρῳ ἡμῶν ἐς Ἅιδου συγκα-ταβαίη τις ζῆλος, εἴ τινων ἄλλων ὁ σωθεὶς πειρά-σεται ἀγαθῶν. μὴ δὴ γένοιτό μοι πειραθῆναι σοῦ μηκέτ' οὔσης· τί γὰρ ἂν ἔτι καταλείποιτο ἀγαθόν;
Ἃ δὲ νῦν ἤπειξέ με ἐν Πειραιεῖ μαλακιζόμενον — οἶσθα γάρ μου τὰς συνήθεις ἀσθεναίας, ἃς οἱ μὴ φιλοῦντές με τρυφὰς καὶ σαλακωνίας καλεῖν εἰώθασιν — ἐπιστεῖλαί σοι ἐν ἄστει μενούσῃ διὰ τὰ Ἁλῷα τῆς θεοῦ, ταῦτ' ἐστίν.
Ἐδεξάμην ἀπὸ Πτολεμαίου τοῦ βασιλέως Αἰγύπ-του γράμματα, ἐν οἷς δεῖταί μου πάσας δεήσεις, καὶ προτρέπεται βασιλικῶς ὑπισχνούμενος τὸ δὴ λεγόμενον τοῦτο τὰ τῆς γῆς ἀγαθὰ καὶ ἐμὲ καὶ Φιλήμονα· καὶ γὰρ ἐκείνῳ γράμματα κεκομίσθαι φησί· καὶ αὐτὸς δὲ ὁ Φιλήμων ἐπέστειλέ μοι τὰ ἴδια δῆλον ὅτι ἐλαφρότερα καὶ ὡς οὐ Μενάνδρῳ γεγραμμένα ἧττον λαμπρά. ἀλλ' ὄψεται καὶ βουλεύσεται τὰ ἴδια οὗτος. ἐγὼ δὲ οὐ περιμενῶ βουλάς, ἀλλὰ σύ μοι, Γλυκέρα, καὶ γνώμη καὶ Ἀρεοπαγῖτις βουλὴ καὶ Ἡλιαία, καὶ ἅπαντα νὴ τὴν Ἀθηνᾶν ἀεί τε γέγονας καὶ νῦν ἔσῃ.

28

ich sage und schreibe dies nicht, um mich zu rühmen oder gar um Abschied von Dir zu nehmen. Denn welchen Reiz hätte das Leben ohne Dich noch für mich? Und worauf sollte ich mehr stolz sein als auf Deine Liebe? Deine Art und Dein Wesen werden mich dauernd jung erhalten. Gemeinsam wollen wir die Jugend genießen und gemeinsam das Alter, und, bei den Göttern, gemeinsam wollen wir auch sterben, aber so, Glykera, daß wir es empfinden, daß wir gemeinsam sterben, damit keiner von uns im Hades den überlebenden Teil um etwaige weitere irdische Freuden zu beneiden braucht. Möge es mir niemals widerfahren, Dich tot zu wissen, während ich noch lebe. Was böte dann das Leben überhaupt noch Gutes?

Da Du wegen des Erntefestes der Göttin in der Stadt zurückgeblieben bist, muß ich Dir von meinem Krankenlager im Piräus aus — Du kennst ja meine gewöhnlichen Anfälle, die meine Feinde nur Verwöhnung und Verzärtelung nennen — folgendes mitteilen:

Ich habe von Ptolemaios, dem Könige von Ägypten, einen Brief erhalten, in dem er mich auf alle erdenkliche Art bittet, zu ihm zu kommen, und mir alle sogenannten Schätze des Landes anbietet. Auch Philemon hat einen Brief bekommen, davon spricht bereits die ganze Stadt, und Philemon hat ihn mir auch selbst geschickt, freilich ist er weniger herzlich und schmeichelhaft, er ist ja auch nicht an Menander gerichtet. Nun, er mag selbst sehen und einen Entschluß fassen. Ich habe nichts mehr zu überlegen, denn Du, Glykera, bist schon meine entschei-

Τὰς μὲν οὖν ἐπιστολὰς τοῦ βασιλέως σοι διεπεμψάμην, ἵνα μὴ κόπτω σε δὶς καὶ τοῖς ἐμοῖς καὶ τοῖς ἐκείνου γράμμασιν ἐντυγχάνουσαν· ἃ δὲ ἐπιστέλλειν αὐτῷ ἔγνωκα, βούλομαί σε εἰδέναι.

Πλεῖν μὲν καὶ εἰς Αἴγυπτον ἀπιέναι μακρὰν οὕτως καὶ ἀπῳκισμένην βασιλείαν οὖσαν, μὰ τοὺς δώδεκα θεούς, οὐδὲ ἐνθυμοῦμαι. ἀλλ᾽ οὐδὲ εἰ ἐν Αἰγίνῃ ταύτῃ γε τῇ πλησίον ἔκειτο Αἴγυπτος, οὐδ᾽ οὕτως ἐν νῷ ἂν ἔσχον ἀφεὶς τὴν ἐμὴν βασιλείαν τῆς σῆς φιλίας μόνος ἐν τοσούτῳ ὄχλῳ Αἰγυπτίων χωρὶς Γλυκέρας ἐρημίαν πολυάνθρωπον ὁρᾶν. ἥδιον γὰρ καὶ ἀκινδυνότερον τὰς σὰς θεραπεύω μᾶλλον αὐλάς, ἢ τὰς ἁπάντων τῶν σατραπῶν καὶ βασιλέων, ἵν᾽ ἐπικίνδυνον μὲν τὸ λίαν ἐλεύθερον, εὐκαταφρόνητον δὲ τὸ κολακεῦον, ἄπιστον δὲ τὸ εὐτυχούμενον. ἐγὼ δὲ καὶ τὰς θηρικλείους καὶ τὰ καρχήσια καὶ τὰς χρυσίδας καὶ πάντα τὰ ἐν ταῖς αὐλαῖς ἐπίφθονα παρὰ τούτοις ἀγαθὰ φυόμενα, τῶν κατ᾽ ἔτος Χοῶν καὶ τῶν ἐν τοῖς θεάτροις Ληναίων καὶ τῆς χθιζῆς ἁμαλογίας καὶ τῶν τοῦ Λυκείου γυμνασίων καὶ τῆς ἱερᾶς Ἀκαδημίας οὐκ ἀλλάττομαι, μὰ τὸν Διόνυσον καὶ τοὺς βακχικοὺς αὐτοῦ κισσούς, οἷς στεφανωθῆναι μᾶλλον ἢ τοῖς Πτολεμαίου βούλομαι διαδήμασιν, ὁρώσης καὶ καθημένης ἐν τῷ θεάτρῳ Γλυκέρας.

Ποῦ γὰρ ἐν Αἰγύπτῳ ὄψομαι ἐκκλησίαν καὶ ψῆφον ἀναδιδομένην; ποῦ δὲ δημοκρατικὸν ὄχλον

dende Instanz, mein Areopag, meine Heliäa, mein Alles und, bei Athena, Du wirst es ewig bleiben!

Den Brief des Königs lege ich Dir bei, damit ich Dich nicht bemühe, wenn Du zweimal dasselbe in meinem und seinem Briefe lesen mußt, aber die Antwort, die ich zu geben gesonnen bin, will ich Dich wissen lassen.

Bei allen zwölf Göttern, ich denke nicht im entferntesten daran, die weite Seereise ins Ägypterreich anzutreten, ja selbst wenn Ägypten auf unserer Nachbarinsel Ägina läge, fiele es mir nicht ein, Deine Liebe, mein Königreich, zu verlassen und allein im reichbevölkerten Ägypten ohne Glykera in einer geselligen Wüste zu leben. Mit mehr Freude und weniger Gefahr stehe ich in Deinem Dienst als in dem aller Könige und Fürsten, wo zu große Freimütigkeit in der Rede ein gefährlich Ding ist, Schmeichelei leicht Verachtung trifft und Schicksalsgunst alles, nur nicht sicher ist. Ich tausche nicht für all die prachtvollen Gefäße, goldenen Schalen und allen Luxus an den Fürstenhöfen die jährlichen Totenfeste, die Theateraufführungen an den Lenäen, das erst kürzlich abgehaltene Tennenfest, die Kämpfe im Lykeion und in der ehrwürdigen Akademie ein, nein, bei Bacchos und dem bacchischen Efeu, mit dem ich lieber gekrönt werden will als mit den Diademen des Ptolemaios, wenn nur Glykera als Zuschauerin im Theater sitzt!

Wo in Ägypten werde ich eine Volksversammlung und eine Abstimmung zu sehen bekommen? Wo ein souveränes Volk, das solche Freiheit genießt? Wo Gesetzgeber mit Efeu bekränzt in den heiligen Bezirken? Was für

31

οὕτως ἐλευθεριάζοντα; ποῦ δὲ θεσμοθέτας ἐν ταῖς ἱεραῖς κώμαις κεκισσωμένους; ποῖον περισχοίνισμα; ποίαν αἵρεσιν; ποίους Χύτρους; Κεραμεικόν, ἀγοράν, δικαστήρια, τὴν καλὴν ἀκρόπολιν, τὰς σεμνὰς θεάς, τὰ μυστήρια, τὴν γειτνιῶσαν Σαλαμῖνα, τὰ στενά, τὴν Ψυττάλειαν, τὸν Μαραθῶνα, ὅλην ἐν ταῖς Ἀθήναις τὴν Ἑλλάδα, τὴν Ἰωνίαν, τὰς Κυκλάδας πάσας; ἀφεὶς ταῦτα καὶ Γλυκέραν μετ' αὐτῶν εἰς Αἴγυπτον ἀπέλθω χρυσὸν λαβεῖν καὶ ἄργυρον καὶ πλοῦτον; ᾧ μετὰ τίνος χρήσομαι; μετὰ Γλυκέρας τοσοῦτον διατεθαλασσευμένης; οὐ πενία δέ μοι ἔσται χωρὶς αὐτῆς ταῦτα; ἐὰν δὲ ἀκούσω τοὺς σεμνοὺς ἔρωτας εἰς ἄλλον αὐτὴν μετατεθεικέναι, οὐ σποδός μοι πάντες οἱ θησαυροὶ γενήσονται; καὶ ἀποθνήσκων τὰς μὲν λύπας ἐμαυτῷ συναποίσω, τὰ δὲ χρήματα τοῖς ἰσχύουσιν ἀδικεῖν ἐν μέσῳ κείσεται.

Ἦ μέγα τὸ συμβιοῦν Πτολεμαίῳ καὶ σατράπαις καὶ τοιούτοις ψόφοις, ὧν οὔτε τὸ φιλικὸν βέβαιον οὔτε τὸ διεχθρεῦον ἀκίνδυνον; ἐὰν δὲ διοργισθῇ τί μοι Γλυκέρα, ἅπαξ αὐτὴν ἁρπάσας κατεφίλησα· ἂν ἔτι ὀργίζηται, μᾶλλον αὐτὴν ἐβιασάμην· κἂν βαρυθύμως ἔχῃ, δεδάκρυκα· καὶ πρὸς ταῦτ', οὐκέθ' ὑπομείνασα τὰς ἐμὰς λύπας, δεῖται λοιπὸν οὔτε στρατιώτας ἔχουσα οὔτε δορυφόρους οὔτε φύλακας· ἐγὼ γὰρ αὐτῇ εἰμι πάντα.

Ἦ μέγα καὶ θαυμαστὸν ἰδεῖν τὸν καλὸν Νεῖλον· οὐ μέγα δὲ καὶ τὸν Εὐφράτην ἰδεῖν; οὐ μέγα δὲ

32

eine Ratsversammlung? Wie werden die Wahlversamm-
lung und die Chytren aussehen, der Töpfermarkt, der
Marktplatz, die Gerichtsplätze, die herrliche Akropolis,
die hehren Göttinnen, die Mysterien, die Nachbarinsel
Salamis, der Engpaß, Psyttaleia, Marathon, dies Athen,
das ganz Hellas, Jonien und alle Kykladen in sich birgt?
Dies alles sollte ich verlassen und Glykera dazu und
nach Ägypten gehen, um Gold, Silber und Reichtum
zu erwerben? Und mit wem sollte ich ihn genießen?
Mit Glykera, die durch ein weites Meer von mir getrennt ist? Würde ich nicht darben, wenn ich sie nicht
hätte? Und wenn ich hörte, daß sie ihre göttliche Liebe
einem anderen geschenkt hat, würden dann nicht alle
Reichtümer gänzlich ihren Wert für mich verlieren? Ster-
bend würde ich dann meinen Schmerz mit mir ins Grab
nehmen, die Schätze aber würden denen zufallen, die
unrecht tun können.

Oder ist es so etwas Besonderes, bei Ptolemaios, den
Satrapen und anderen hohen Würdenträgern zu leben,
deren Freundschaft unsicher, deren Feindschaft aber gefährlich ist? Wenn dagegen Glykera auf mich böse ist,
nehme ich sie einfach in meine Arme und küsse sie herz-
haft ab, wenn sie dann noch immer böse ist, werde ich
noch stürmischer; schmollt sie aber weiter, gibt's Tränen
bei mir; und nun kann sie mein Traurigsein nicht länger
aushalten und gibt nach, und sie hat weder Soldaten noch
Trabanten und Leibwächter, denn ich bin ihr Alles.

Gewiß bietet der schöne Nil einen großartigen und wun-
derbaren Anblick, aber sind nicht auch der Euphrat und

καὶ τὸν Ἴστρον; οὐ τῶν μεγάλων καὶ ὁ Θερμώ-
δων, ὁ Τίγρις, ὁ Ἅλυς, ὁ Ῥῆνος; εἰ μέλλω πάντας τοὺς ποταμοὺς ὁρᾶν, καταβαπτισθήσεταί μοι
τὸ ζῆν μὴ βλέποντι μοι Γλυκέραν. ὁ δὲ Νεῖλος
οὗτος καίπερ ὢν καλός, ἀλλ᾽ ἀποτεθηρίωται, καὶ
οὐκ ἔστιν οὐδὲ προσελθεῖν αὐτοῦ ταῖς δίναις ἐλ-
λοχωμένου τοσούτοις κακοῖς.
Ἐμοὶ γένοιτο, βασιλεῦ Πτολεμαῖε, χώματος καὶ
τάφου πατρῴου τυχεῖν. ἐμοὶ γένοιτο τὸν Ἀττικὸν
ἀεὶ στέφεσθαι κισσὸν καὶ τὸν ἐπ᾽ ἐσχάρας ὑμνῆ-
σαι κατ᾽ ἔτος Διόνυσον, τὰς μυστηριώτιδας ἄγειν
τελετάς, δραματουργεῖν τι καινὸν ταῖς ἐτησίοις
θυμέλαις δρᾶμα, γελῶντα καὶ χαίροντα καὶ ἀγω-
νιῶντα καὶ φοβούμενον καὶ νικῶντα. Φιλήμων
δὲ εὐτυχείτω καὶ τἀμὰ ἐχέτω ἀγαθὰ γενόμενος
ἐν Αἰγύπτῳ. οὐκ ἔχει Φιλήμων Γλυκέραν τινά,
οὐδὲ ἄξιος ἦν ἴσως τοιούτου ἀγαθοῦ.
Σὺ δὲ ἐκ τῶν Ἁλῴων δέομαι, Γλυκέριον, εὐθὺς
πετομένη πρὸς ἡμᾶς ἐπὶ τῆς ἀστράβης φέρου. μα-
κροτέραν ἑορτὴν οὐδέποτε ἔγνων οὐδὲ ἀκαιρο-
τέραν. Δήμητερ, ἵλεως γενοῦ.

Γλυκέρα Μενάνδρῳ

Ἃς διεπέμψω μοι τοῦ βασιλέως ἐπιστολὰς εὐθὺς
ἀνέγνων. μὰ τὴν Καλλιγένειαν ἐν ἧς νῦν εἰμι
κατευχαῖς ἔχαιρον, Μένανδρε, ἐκπαθὴς ὑπὸ ἡδονῆς γινομένη, καὶ τὰς παρούσας οὐκ ἐλάνθανον.
ἦν δὲ ἥ τε μήτηρ μου καὶ ἡ ἑτέρα ἀδελφὴ Εὐφρό-

der Ister ein großes Erlebnis? Gehört der Thermodon, der Tigris, der Halys, der Rhein nicht auch zu den großen Flüssen? Ja, wollte ich alle diese Flüsse sehen, reichte mein ganzes Leben nicht aus, und ich könnte nie Glykera sehen! Und der Nil, so prachtvoll er ist, so ist er doch wegen der vielen gefährlichen Tiere unheimlich und nicht schiffbar, da in seinen Strudeln so viele Ungeheuer lauern.

Möge es mir beschieden sein, König Ptolemaios, in Heimaterde begraben zu liegen und immer mit attischem Efeu bekränzt, jährlich Bacchos an seinem Altare zu preisen und seine heiligen Mysterien zu feiern und alle Jahre an den Theaterfesten ein neues Werk auf die Bühne zu bringen, lachend und freudig, ängstlich und verzagt, aber endlich siegend. Philemon möge, wenn er nach Ägypten kommt, ruhig meine Schätze haben, eine Glykera hat er ja doch nicht, hat vielleicht einen solchen Schatz auch nicht verdient.

Du, liebste Glykera, besteige bitte gleich nach dem Erntefest Deinen Maulesel und eile zu mir. So lange und ungelegen ist mir noch nie ein Fest vorgekommen. Verzeih mir, Demeter!

Glykera an Menander

Den Brief des Königs, den Du mir mitgeschickt hast, habe ich auf der Stelle gelesen. Bei Kalligeneia, in deren Tempel ich jetzt bete, Menander, ich war außer mir vor Freude und konnte sie den Anwesenden nicht verbergen. Dabei waren meine Mutter, meine zweite Schwester

νιον καὶ τῶν φίλων ἦν οἶσθα· καὶ γὰρ παρὰ σοὶ
ἐδείπνησε πολλάκις, καὶ ἐπῄνεις αὐτῆς τὸν ἐπι-
χώριον ἀττικισμόν, ἀλλ' ὡς φοβούμενος αὐτὴν
ἐπαινεῖν, ὅθεν καὶ μειδιάσασα θερμότερόν σε
κατεφίλησα. οὐ μέμνησαι, Μένανδρε; θεασάμε-
ναι δέ με παρὰ τὸ εἰωθὸς καὶ τῷ προσώπῳ καὶ
τοῖς ὀφθαλμοῖς χαίρουσαν 'ὦ Γλυκέριον' ἤροντο,
'τί σοι τηλικοῦτον γέγονεν ἀγαθόν, ὅτι καὶ ψυχῇ
καὶ σώματι καὶ πᾶσιν ἀλλοιοτέρα νῦν ἡμῖν πέ-
φηνας; καὶ τὸ σῶμα γεγάνωσαι καὶ διαλάμπεις
ἐπιχάριτόν τι καὶ εὐκταῖον'. Κἀγώ 'Μένανδρον'
ἔφην 'τὸν ἐμὸν ὁ Αἰγύπτου βασιλεὺς Πτολε-
μαῖος ἐπὶ τῷ ἡμίσει τῆς βασιλείας τρόπον τινὰ
μεταπέμπεται' 'μείζονι τῇ φωνῇ φθεγξαμένη καὶ
σφοδροτέρᾳ, ὅπως πᾶσαι ἀκούσωσιν αἱ παροῦσαι.
καὶ ταῦτα ἔλεγον ἐγὼ διατινάσσουσα καὶ σο-
βοῦσα ταῖς χερσὶν ἐμαυτῆς τὰς ἐπιστολὰς σὺν τῇ
βασιλικῇ σφραγῖδι. 'χαίρεις οὖν ἀπολειπομένη';
ἔφρασαν. τὸ δὲ οὐκ ἦν, Μένανδρε. ἀλλὰ τοῦτο
μὲν οὐδενὶ τρόπῳ μὰ τὰς θεάς, οὐδ' εἰ βοῦς μοι
τὸ δὴ λεγόμενον φθέγξαιτο, πεισθείην ἂν ὅτι
βουλήσεταί μέ ποτε ἢ δυνήσεται Μένανδρος ἀπο-
λιπὼν ἐν Ἀθήναις Γλυκέραν τὴν ἑαυτοῦ μόνος
ἐν Αἰγύπτῳ βασιλεύειν μετὰ πάντων τῶν ἀγαθῶν.
Ἀλλὰ καὶ τοῦτό γε εἰδὼς ἐκ τῶν ἐπιστολῶν ὧν
ἀνέγνων δῆλος ἦν ὁ βασιλεύς, τἀμὰ πεπυσμένος
ὡς ἔοικε περὶ σέ, καὶ ἠρέμα δι' ὑπονοιῶν Αἰγυπ-
τίοις θέλων ἀστεϊσμοῖς σε διατωθάζειν. χαίρω

36

Euphronion und eine Freundin, die Du ohnedies kennst, denn sie hat oft bei Dir zu Abend gespeist, und Du lobtest an ihr die rein attische Aussprache — doch als ob du Angst hättest, sie selbst zu loben —, weshalb ich lachen und Dich noch zärtlicher küssen mußte —, erinnerst Du Dich noch daran, Menander? Als sie also in meinen Augen und auf meinem Gesicht ganz ungewöhnliche Freude strahlen sahen, fragten sie mich: „Liebste Glykera, was ist dir nur so Schönes widerfahren, daß du uns an Leib und Seele und überhaupt in allem so ganz verändert vorkommst? Dein Antlitz ist so selig, und du strahlst vor Glück und Zufriedenheit." Da erzählte ich: „Meinen Menander beruft Ptolemaios, der König von Ägypten, zu sich und bietet ihm sozusagen dafür das halbe Königreich an", und das sprach ich mit lauter und vernehmlicher Stimme, so daß es alle Anwesenden hören mußten, und dabei schwenkte ich den Brief mit dem königlichen Siegel in den Händen hin und her. „Und da kannst du dich noch freuen, wenn du verlassen wirst?" Das gibt es nicht, Menander, gelt! O Göttinnen, ja nicht einmal, wenn es mir, wie man sagt, ein Stier zuriefe, könnte ich glauben, daß Menander mich, seine Glykera, in Athen zurücklassen wollte und es zustande brächte, allein in Ägypten in königlicher Pracht zu leben.

Wie ja auch aus dem Briefe, den ich gelesen habe, klar hervorgeht, weiß der König schon von meinen Beziehungen zu Dir und spielt zart und fein mit ägyptischem Witz darauf an. Ich freue mich, daß die Kunde von unserer Liebe schon bis zu ihm nach Ägypten gedrungen ist, und

διὰ τοῦτο, ὅτι πεπλεύκασι καὶ εἰς Αἴγυπτον πρὸς αὐτὸν οἱ ἡμέτεροι ἔρωτες· καὶ πείθεται πάντως ἐξ ὧν ἤκουσεν ἀδύνατα σπουδάζειν ἐπιθυμῶν Ἀθήνας πρὸς αὐτὸν διαβῆναι. τί γὰρ Ἀθῆναι χωρὶς Μενάνδρου; τί δὲ Μένανδρος χωρὶς Γλυκέρας; ἥτις αὐτῷ καὶ τὰ προσωπεῖα διασκευάζω καὶ τὰς ἐσθῆτας ἐνδύω, κἂν τοῖς παρασκηνίοις ἔστηκα τοὺς δακτύλους ἐμαυτῆς πιέζουσα καὶ τρέμουσα, ἕως ἂν κροταλίσῃ τὸ θέατρον· τότε νὴ τὴν Ἄρτεμιν ἀναψύχω καὶ περιβάλλουσά σε τὴν ἱερὰν τῶν δραμάτων ἐκείνην κεφαλὴν ἐναγκαλίζομαι.

Ἀλλ' ὃ γε ταῖς φίλαις τότε χαίρειν ἔφην, τοῦτ' ἦν Μένανδρε, ὅτι ἐκ ἄρα Γλυκέρα μόνον ἀλλὰ καὶ βασιλεῖς ὑπερθαλάσσιοι ἐρῶσί σου, καὶ διαπόντιοι φῆμαι τὰς σὰς ἀρετὰς κατηγγέλκασι. καὶ Αἴγυπτος καὶ Νεῖλος καὶ Πρωτέως ἀκρωτήρια καὶ αἱ Φάριαι σκοπιαὶ πάντα μετέωρα νῦν ἐστι, βουλόμενα ἰδεῖν Μένανδρον καὶ ἀκοῦσαι φιλαργύρων καὶ ἐρώντων καὶ δεισιδαιμόνων καὶ ἀπίστων καὶ πατέρων καὶ υἱῶν καὶ γραῶν καὶ θεραπόντων καὶ παντὸς τοῦ ἐνσκηνοβατουμένου· ὧν ἀκούσονται μέν, οὐκ ὄψονται δὲ Μένανδρον, εἰ μὴ ἐν ἄστει παρὰ Γλυκέρᾳ γένοιντο καὶ τὴν ἐμὴν εὐδαιμονίαν ἴδοιεν, τὸν πάντῃ διὰ τὸ κλέος αὐτοῦ Μένανδρον καὶ νύκτωρ καὶ μεθ' ἡμέραν ἐμοὶ προσκείμενον.

Οὐ μὴν ἀλλ' εἴγε ἄρα πόθος αἱρεῖ σέ τις καὶ τῶν ἐκεῖ ἀγαθῶν καὶ εἰ μηδενὸς ἄλλου τῆς γε

38

nach dem, was er gehört hat, muß er bestimmt wissen, daß er Unmögliches begehrt, wenn er verlangt, daß Athen zu ihm kommen soll. Denn was ist Athen ohne Menander, was aber Menander ohne Glykera? Ohne mich, die ich ihm die Masken zurechtlege, Kostüme probiere, in den Kulissen stehe und krampfhaft die Daumen halte und zittere, bis das Theater Beifall jubelt. Dann, bei Artemis, atme ich wieder auf, umarme Dich und schließe Dein erlauchtes Dichterhaupt in meine Hände.

Daß ich damals meinen Lieben den Grund meiner Freude verriet, geschah deshalb, Menander, weil nicht bloß Glykera, sondern auch Könige jenseits des Meeres Dich lieben und Dein Ruf als Künstler bis in überseeische Lande gedrungen ist — Ägypten und der Nil, das Vorgebirge des Proteus und die Felsenriffe von Pharos, alle warten gespannt auf Menander und wollen seine Geizhälse, Verliebten, Abergläubischen und Treulosen, Väter und Söhne, Sklaven, kurz alle Rollen hören, hören werden sie sie wohl, aber den Menander werden sie nicht sehen, außer sie kommen nach Athen zu Glykera und sehen sich mein Glück an, denn Menander, dessen Ruhm überallhin gedrungen ist, ist Tag und Nacht um mich!

Solltest Du aber doch Sehnsucht tragen nach den Gütern, die Dich dort erwarten, und wenn nach nichts anderem als nach dem mächtigen Ägypterreich, nach dem vielen Gelde, nach den Pyramiden dort und nach den tönenden Statuen und dem berühmten Labyrinth und nach all den Dingen, die bei ihnen durch Alter und Kunst für wertvoll gelten, dann, Menander, sag nicht meinetwegen nein,

Αἰγύπτου, χρήματος μεγάλου, καὶ τῶν αὐτόθι πυραμίδων καὶ τῶν ἠχούντων ἀγαλμάτων καὶ τοῦ περιβοήτου λαβυρίνθου καὶ τῶν ἄλλων ὅσα ὑπὸ χρόνου ἢ τέχνης παρ' αὐτοῖς τίμια, δέομαί σου Μένανδρε, μὴ ποιήσῃ με πρόφασιν· μηδέ με Ἀθηναῖοι διὰ ταῦτα μισησάτωσαν ἤδη τοὺς μεδίμνους ἀριθμοῦντες, οὓς αὐτοῖς ὁ βασιλεὺς πέμψει διὰ σέ. ἀλλ' ἄπιθι πᾶσι θεοῖς, ἀγαθῇ τύχῃ, δεξιοῖς πνεύμασι, Διὶ οὐρίῳ. ἐγὼ γάρ σε οὐκ ἀπολείψω. μὴ τοῦτο δόξῃς με λέγειν, οὐδ' αὐτὴ δύναμαι κἂν θέλω· ἀλλὰ παρεῖσα τὴν μητέρα καὶ τὰς ἀδελφὰς ναυτὶς ἔσομαι συμπλέουσά σοι· καὶ σφόδρα τῶν εὐθαλάσσων γεγένημαι, εὖ δ' οἶδα, κἂν ἐκκλωμένης κώπης ναυτιᾷς ἐγὼ θεραπεύσω θάλψω σου τὸ ἀσθενοῦν τῶν πελαγισμῶν, ἄξω δέ σε ἄτερ μίτων Ἀριάδνη εἰς Αἴγυπτον, οὐ Διόνυσον ἀλλὰ Διονύσου θεράποντα καὶ προφήτην. οὐδὲ ἐν Νάξῳ καὶ ἐρημίαις ναυτικαῖς ἀπολειφθήσομαι τὰς σὰς ἀπιστίας κλαίουσα καὶ ποτνιωμένη. χαιρέτωσαν οἱ Θησεῖς ἐκεῖνοι καὶ τὰ ἄπιστα τῶν πρεσβυτέρων ἀμπλακήματα. ἡμῖν δὲ βέβαια πάντα, καὶ τὸ ἄστυ καὶ ὁ Πειραιεὺς καὶ ἡ Αἴγυπτος. οὐδὲν χωρίον ἡμῶν τοὺς ἔρωτας οὐχὶ δέξεται πλήρεις· κἂν πέτραν οἰκῶμεν, εὖ οἶδα ἀφροδίσιον αὐτὴν τὸ εὔνουν ποιήσει.

Πέπεισμαι μήτε χρημάτων σε μήτε περιουσίας μήτε πλούτου τὸ καθάπαξ ἐπιθυμεῖν, ἐν ἐμοὶ καὶ τοῖς δράμασι τὴν εὐδαιμονίαν κατατιθέμενον·

40

damit mich nicht deswegen Athener hassen, die schon jetzt die Scheffel zählen, die ihnen der König Deinetwegen schicken wird, sondern zieh hin, begleitet von allen Göttern, mit viel Glück und günstigen Winden und unter Zeus' Schutz. Doch ich werde nicht von Dir weichen, Mutter und Schwestern will ich verlassen und mit Dir fahren, glaube ja nicht, daß das leeres Gerede ist, ich könnte ja nicht anders, selbst wenn ich wollte. Ich halte die Reise über das Meer schon aus, das weiß ich, und wenn das Ruder bricht und Dich die Seekrankheit befällt, werde ich Dich pflegen, und ohne Faden werde ich Dich als Ariadne führen, Dich, der Du zwar nicht Dionysos, aber sein Diener und Verkünder bist. Und ich werde nicht auf Naxos ödem Strand verlassen werden und über Deine Untreue weinen und wehklagen. Doch lassen wir diese Theseusgeschichten und die Treulosigkeiten der Alten! Bei uns ist alles sicher, sei es Athen, der Piräus oder Ägypten. An allen Orten wird unsere Liebe gleich groß sein, und wenn wir einen Felsen bewohnten, würde ihn unsere gegenseitige Neigung zu einem Tempel der Aphrodite machen.

Ich weiß sehr gut, daß Du durchaus nicht nach Schätzen, Luxus und Reichtum strebst, sondern daß Du Dein Glück in mir und in Deinen Dramen findest. Aber die Verwandten, das Vaterland, die Freunde brauchen, wie Du ja weißt, fast immer etwas, sie wollen reich werden und etwas sein. Du wirst mir zwar in keiner Beziehung, weder im Großen noch im Kleinen, auch nur den geringsten Vorwurf machen, das weiß ich, hast Du Dich mir seiner-

ἀλλ' οἱ συγγενεῖς, ἀλλ' ἡ πατρίς, ἀλλ' οἱ φίλοι,
σχεδὸν οἶσθα πάντῃ πάντες πολλῶν δέονται,
πλουτεῖν θέλουσι καὶ χρηματίζεσθαι. σύ μὲν
οὐδέποτε περὶ οὐδενὸς αἰτιάσῃ με οὔτε μικροῦ
οὔτε μεγάλου, τοῦτο εὖ οἶδα, πάλαι μὲν ἡττη-
μένος μου πάθει καὶ ἔρωτι, νῦν δὲ ἤδη καὶ κρί-
σιν προστεθεικὼς αὐτοῖς, ἧς μᾶλλον περιέχομαι,
Μένανδρε, φοβουμένη τῆς ἐμπαθοῦς φιλίας τὸ
ὀλιγοχρόνιον· ἔστι γὰρ ὡς βίαιος ἡ ἐμπαθὴς φι-
λία οὕτω καὶ εὐδιάλυτος· οἷς δὲ παραβέβληται
καί τι βουλῆς, ἀρραγέστερον ἐν τούτοις ἤδη τὸ
ἔργον ὂν οὔτε ἀμιγὲς ἡδονῆς ἔσται οὔτε περι-
δεές. θήσει δὲ σὺ τὴν αὐτὴν γνώμην, ὅς γε πολλάκις περὶ τούτων αὐτὸς νουθετῶν μ' ἐδίδασκες.
ἀλλ' εἰ καὶ σὺ μή μέ τι μέμψῃ μηδὲ αἰτιάσῃ, δέδοικα τοὺς Ἀττικοὺς σφῆκας, οἵτινες ἄρξονται
πάντῃ με περιβομβεῖν ἐξιοῦσαν ὡς αὐτὸν ἀφῃρη-
μένην τῆς Ἀθηναίων πόλεως τὸν πλοῦτον. ὥστε
δέομαί σου Μένανδρε, ἐπίσχες, μηδέ πω τῷ βα-
σιλεῖ μηδὲν ἀντεπιστείλῃς. ἔτι βούλευσαι, περί-
μεινον ἕως ἂν κοινῇ γενώμεθα καὶ μετὰ τῶν
φίλων Θεοφράστου καὶ Ἐπικούρου. τάχα γὰρ
ἀλλοιότερα κἀκείνοις καὶ σοὶ φανεῖται ταῦτα.
μᾶλλον δὲ καὶ θυσώμεθα καὶ ἴδωμεν τί λέγει τὰ
ἱερά, εἴτε λῷον εἰς Αἴγυπτον ἡμᾶς ἀπιέναι εἴτε
μένειν. καὶ χρηστηριασθῶμεν εἰς Δελφοὺς πέμ-
ψαντες· πάτριος ἡμῖν ἐστιν ὁ θεός. ἀπολογίαν
ἔξομεν πρὸς ἀμφότερα τοὺς θεούς.
Μᾶλλον δὲ ἐγὼ τοῦτο ποιήσω· καὶ γὰρ ἔχω τινὰ

zeit ganz in leidenschaftlicher Liebe ergeben, so hast Du
nunmehr auch die Vernunft sich hinzugesellen lassen —
hast es jetzt abermals versichert, und das gibt mir mehr
Zuversicht, Menander, da ich die Vergänglichkeit der
Leidenschaft fürchte, denn mag diese auch noch so hef-
tig sein, so kann sie doch nur zu leicht erkalten, wo sie
aber durch Vernunft gefestigt wird, ist sie unzerstörbar
und dabei ebenso süß wie sicher. Du wirst zur gleichen
Auffassung gekommen sein, da Du mich oft durch solche
Belehrungen gefördert hast.

Und wenn Du mich auch gar nicht tadelst und mir keine
Vorwürfe machst, so fürchte ich doch die attischen Wes-
pen, die mich überall, wenn ich ausgehe, umschwärmen
werden, da es heißen wird, ich hätte Athen um seinen
eigentlichen Reichtum gebracht. Deshalb bitte ich Dich,
Menander, warte ab, antworte vorläufig dem König
nicht, überlege es Dir noch und warte zu, bis wir mit
unseren Freunden Theophrastos und Epikuros zusam-
menkommen. Vielleicht sind sie und bis dahin auch Du
anderer Meinung, wir wollen auch vorher noch opfern
und sehen, was das Opfer rät, ob es besser ist, nach
Ägypten zu reisen oder hierzubleiben. Außerdem wollen
wir nach Delphi um ein Orakel senden, denn der Gott
ist doch von altersher unser Schutzpatron. Auf alle Fälle
können wir dann die Götter als Entschuldigung an-
führen.

Ich werde noch ein Übriges tun: denn ich habe eine
Frau, die erst unlängst aus Phrygien gekommen ist und
in solchen Sachen große Erfahrung hat — sie sagt die Zu-

νεωστὶ γυναῖκα ἀπὸ Φρυγίας ἤκουσαν εὖ μάλα
τούτων ἔμπειρον, γαστρομαντεύεσθαι δεινὴν τῇ
τῶν σπαρτῶν διατάσει νύκτωρ καὶ τῇ τῶν θεῶν
δείξει· καὶ οὐ δεῖ λεγούσῃ πιστεύειν, ἀλλ' ἰδεῖν,
ὡς ἔφη. διαπέμψομαι πρὸς αὐτήν. καὶ γάρ, ὥς
φασι, καὶ κάθαρσίν τινα δεῖ προτελέσαι τὴν γυναῖκα καὶ παρασκευάσαι τινὰ ζῷα ἱερεῦσαι καὶ
λιβανωτὸν ἄρρενα καὶ στύρακα μακρὸν καὶ πέμ-
ματα σεληναῖα καὶ ἄγρια φύλλα τῶν ἄγνων.
οἶμαι δὲ καὶ σὲ φθήσεσθαι Πειραιόθεν ἐλθεῖν. ἢ
δήλωσόν μοι σαφῶς μέχρι τίνος οὐ δύνασαι Γλυκέραν ἰδεῖν, ἵν' ἐγὼ μὲν καταδράμω πρὸς σέ,
τὴν δὲ Φρυγίαν ταύτην ἑτοιμάσωμαι ἤδη. καὶ εἰ
μελετᾶν πειράζεις ἀπὸ σαυτοῦ ἐμὲ καὶ τὸν Πει-
ραιᾶ καὶ τὸ ἀγρίδιον καὶ τὴν Μουνυχίαν καὶ
πάντα κατ' ὀλίγον ὅπως ἐκπέσωσι τῆς ψυχῆς –
οὐ δύναμαι ταῦτα ποιεῖν μὰ τοὺς θεούς, οὐδὲ σὺ
δύνασαι διαπεπλεγμένος ὅλως ἤδη μοι. κἂν οἱ
βασιλεῖς ἐπιστείλωσι πάντες, ἐγὼ πάντων εἰμὶ
παρὰ σοὶ βασιλικωτέρα καὶ εὐσεβεῖ σοι κέχρημαι
ἐραστῇ καὶ ὅρκων ἱερῶν μνήμονι.

Ὥστε πειρῶ μᾶλλον, ἐμὴ φιλότης, θᾶσσον εἰς
ἄστυ παραγενέσθαι, ὅπως εἴ γε μεταβουλεύσαιο
περὶ τῆς πρὸς βασιλέα ἀφίξεως, ἔχῃς εὐτρεπισμένα
τὰ δράματα καὶ ἐξ αὐτῶν ἃ μάλιστα ὀνῆσαι δύ-
ναται Πτολεμαῖον καὶ τὸν αὐτοῦ Διόνυσον – οὐ
δημοκρατικόν, ὡς οἶσθα – εἴτε Θαΐδα εἴτε Μι-
σούμενον εἴτε Θρασυλέοντα εἴτε Ἐπιτρέποντας
εἴτε Ῥαπιζομένην εἴτε Σικυώνιον, εἴθ' ὁτιοῦν

44

kunft mittels einer inneren Stimme voraus, indem sie des Nachts Stricke spannt und die Götter beschwört. Man braucht ihren Worten keinen Glauben zu schenken, sondern bloß zu sehen, wie sie es sagte. Ich werde jedenfalls nach ihr schicken, denn das Weib muß, wie es heißt, vorher eine Reinigung vornehmen, Opfertiere zur Opferung bereit machen und auch starken Weihrauch, ein Stück Judenweihrauch, Mondkuchen und wilde Kräuter. Ich glaube aber, ich werde damit warten, bis Du aus dem Piräus zurück bist, oder laß mich genau wissen, wie lange Du noch Glykera nicht sehen kannst, damit ich zu Dir eile und die Phrygierin inzwischen bereithalte. Auch wenn Du versuchen wolltest, mich, den Piräus, Dein Gütchen, Munychia und alles möglichst rasch aus Deinem Herzen zu stoßen — bei den Göttern, ich brächte es doch nicht übers Herz —, aber Du kannst es ja auch nicht, da Du mir schon so ganz verfallen bist. Mögen alle Könige Dir Briefe schreiben, ich bleibe doch Deine größte Königin und Du ein Geliebter, der die Götter ehrt und heiliger Eide eingedenk ist.

Komm nur möglichst bald in die Stadt, mein Geliebter, damit Du, falls Du Dich wegen der Reise zum König anders entschließt, Deine Dramen bereithältst, die dem Ptolemaios und seinem Dionysos am besten gefallen könnten — er ist nicht demokratisch, das weißt Du —, die „Thais", „den Verhaßten", „den Bramarbas", „die Auftraggeber", „die Verprügelte" oder „den Sikyonier" oder sonst etwas. Was meinst Du dazu? Bin ich nicht kühn und verwegen, daß ich so eigenmächtig über die

ἄλλο. τί δέ; ἐγὼ θρασεῖα καὶ τολμηρά τίς εἰμι τὰ Μενάνδρου διακρίνειν ἰδιῶτις οὖσα; ἀλλὰ σοφὸν ἔχω σου τὸν ἔρωτα καὶ ταῦτ' εἰδέναι δύνασθαι. σὺ γάρ με ἐδίδαξας εὐφυᾶ γυναῖκα ταχέως παρ' ἐρώντων μανθάνειν· ἀλλ' εἰ κοινωνοῦσιν οἱ ἔρωτες σπεύδοντες, αἰδούμεθα μὰ τὴν Ἄρτεμιν ἀνάξιοι ὑμῶν εἶναι μὴ θᾶττον μανθάνουσαι. Πάντως δὲ δέομαι, Μένανδρε, κἀκεῖνο παρασκευάσασθαι τὸ δρᾶμα ἐν ᾧ ἐμὲ γέγραφας, ἵνα κἂν μὴ παραγένωμαι σὺν σοί, διὰ σοῦ πλεύσω πρὸς Πτολεμαῖον, καὶ μᾶλλον αἴσθηται ὁ βασιλεὺς ὅσον ἰσχύει καὶ παρὰ σοὶ γεγραμμένους φέρειν ἑαυτοῦ τοὺς ἔρωτας ἀφεὶς ἐν ἄστει τοὺς ἀληθινούς. ἀλλ' οὐδὲ τούτους ἀφήσεις, εὖ ἴσθι· κυβερνᾶν ἢ πρῳρατεύειν, ἕως δεῦρο παραγίνῃ πρὸς ἡμᾶς Πειραόθεν, μαθήσομαι, ἵνα σε ταῖς ἐμαῖς χερσὶν ἀκύμονα ναυστολήσω πλέουσα, εἰ τοῦτο ἄμεινον εἶναι φαίνοιτο. φανείη δέ, ὦ θεοὶ πάντες, ὃ κοινῇ λυσιτελήσει, καὶ μαντεύσαιτο ἡ Φρυγία τὰ συμφέροντα κρεῖσσον τῆς θεοφορουμένης σου κόρης. ἔρρωσο.

Μενεκλείδης Εὐθυκλεῖ

Οἴχεται Βακχὶς ἡ καλή, Εὐθύκλεις φίλτατε, οἴχεται, πολλά τέ μοι καταλιποῦσα δάκρυα καὶ ἔρωτος ὅσον ἡδίστου τότε, τοσοῦτον πικροῦ νῦν μνήμην. οὐ γὰρ ἐκλήσομαί ποτε Βακχίδος, οὐχ οὗτος ἔσται ὁ χρόνος. ὅσην συμπάθειαν ἐνεδεί-

Stücke des Menander verfüge? Aber Deine Liebe macht mich klug und fähig, dies zu können, denn Du hast mich immer gelehrt, daß ein talentiertes Weib bald vom Geliebten lernt — die Liebe ist die beste Lehrmeisterin —, und ich müßte mich auch, bei Artemis, als Deiner unwürdig schämen, wenn ich nicht schneller lernte.

Vor allem aber bitte ich Dich, Menander, mache jenes Drama zurecht, in dem Du mich geschildert hast, damit ich, wenn ich schon nicht selbst mitkommen kann, durch Dich zu Ptolemaios dringe, und der König deutlicher, merkt, wieviel Macht er doch auch bei Dir hat, daß Du ihm die niedergeschriebene Liebe mitbringst und die wirkliche in Athen zurückläßt. Aber Du wirst sie ja nicht zurücklassen, das weißt Du selbst am besten, ich werde, bis Du aus dem Piräus zu mir kommst, das Rudern und Steuern lernen, damit ich Dich mit meinen eigenen Händen ruhig geleite, wenn Dir dies zuträglicher scheint. Möge, bei allen Göttern, das geschehen, was für alle am vorteilhaftesten ist, und die Phrygierin, die das Nützliche besser erkennt als Dein begeistertes Mädchen, möge es verkünden. Leb wohl!

Menekleides an Euthykles

Die schöne Bakchis ist tot, bester Euthykles, sie ist tot. Mir aber hat sie viele Tränen und die Erinnerung an die einst so süße, jetzt doppelt bittere Liebe zurückgelassen. Nie werde ich Bakchis vergessen. Diese Zeit wird nie wiederkommen. Wie lieb sie mich hatte! Man könnte

ξατο· ἀπολογίαν ἐκείνην καλῶν οὐκ ἄν τις ἁμαρτάνοι τοῦ τῶν ἑταιρῶν βίου. καὶ εἰ συνελθοῦσαι ἅπασαι πανταχόθεν εἰκόνα τινὰ αὐτῆς ἐν Ἀφροδίτης ἢ Χαρίτων θεῖεν, δεξιὸν ἄν τί μοι ποιῆσαι δοκοῦσιν. τὸ γὰρ θρυλούμενον ὑπὸ πάντων, ὡς πονηραί, ὡς ἄπιστοι, ὡς πρὸς τὸ λυσιτελὲς βλέπουσαι μόνον, ὡς ἀεὶ τοῦ διδόντος, ὡς τίνος γὰρ οὐκ αἴτιαι κακοῦ τοῖς ἐντυγχάνουσι, διαβολὴν ἐπέδειξεν ἐφ᾽ ἑαυτῆς ἄδικον· οὕτω πρὸς τὴν κοινὴν βλασφημίαν τῷ ἤθει παρετάξατο.

Οἶσθα τὸν Μήδειον ἐκεῖνον τὸν ἀπὸ τῆς Συρίας δευρὶ κατάραντα μεθ᾽ ὅσης θεραπείας καὶ παρασκευῆς ἐσόβει, εὐνούχους ὑπισχνούμενος καὶ θεραπαίνας καὶ κόσμον τινὰ βαρβαρικόν· καὶ ὅμως ἥκοντα αὐτὸν οὐ προσίετο, ἀλλ᾽ ὑπὸ τοὐμὸν ἠγάπα κοιμωμένη χλανίσκιον τὸ λιτὸν τοῦτο καὶ δημοτικόν, καὶ τοῖς παρ᾽ ἡμῶν γλίσχρως αὐτῇ πεμπομένοις ἐπανέχουσα τὰς σατραπικὰς ἐκείνας καὶ πολυχρύσους δωρεὰς διωθεῖτο. τί δαί; τὸν Αἰγύπτιον ἔμπορον ὡς ἀπεσκοράκισεν ὅσον ἀργύριον προτείνοντα. οὐδὲν ἐκείνης ἄμεινον εὖ οἶδ᾽ ὅτι γένοιτ᾽ ἄν. ὡς χρηστὸν ἦθος οὐκ εἰς εὐδαίμονος βίου προαίρεσιν δαίμων τις ὑπήνεγκεν.

Εἶτ᾽ οἴχεται ἡμᾶς ἀπολιποῦσα καὶ κείσεται λοιπὸν μόνη ἡ Βακχίς. ὡς ἄδικον, ὦ φίλαι Μοῖραι· ἔδει γὰρ αὐτῇ συγκατακεῖσθαί με καὶ νῦν ὡς τότε. ἀλλ᾽ ἐγὼ μὲν περίειμι καὶ τροφῆς ψαύω

mit vollem Rechte sagen, daß sie die Apologie des Hetärenberufes war. Und wenn alle ihre Kolleginnen von überall her wallfahrten kämen und ihr Bild im Tempel der Aphrodite und der Charitinnen aufstellten, täten sie meiner Überzeugung nach ein gutes Werk. Denn sie hat durch ihr Beispiel bewiesen, daß die bösen Reden der Allgemeinheit, wie schlecht die Hetären wären, wie treulos, nur auf Eigennutz erpicht, immer nur für den, der eine volle Börse hat, schuld an allem Unglück ihrer Verehrer, ein ungerechter Vorwurf sind, so hat Bakchis sich durch ihren Charakter gegen die allgemeine Verleumdung geschützt.

Du erinnerst Dich des Meders, der mit großer Dienerschaft und riesigem Pomp aus Syrien dahergerauscht kam und ihr Eunuchen, Dienerinnen und Schmuck von echt persischer Pracht versprach. Doch sie wies seinen Antrag zurück und wollte lieber unter meiner dünnen, gewöhnlichen Wolldecke schlafen, war zufrieden mit den Kleinigkeiten, die ich ihr bieten konnte, und verschmähte die wertvollen Geschenke eines Satrapen. Oder! Wie sie den ägyptischen Handelsherrn, der es sich hätte etwas kosten lassen, laufen ließ! Ich weiß, daß es nie mehr eine Bakchis geben wird. Kein Teufel konnte sie dazu bringen, ihre vornehme Gesinnung für Glanz und Pracht zu verkaufen.

Nun ist sie tot! Mich hat sie verlassen, fürderhin muß sie allein liegen. Wie ungerecht von Euch, Ihr gütigen Moiren! Denn eigentlich müßte ich noch ebenso neben ihr ruhen wie damals. Ich lebe weiter, esse, unterhalte

καὶ διαλέξομαι τοῖς ἑταίροις, ἡ δὲ οὐκέτι με φαι-
δροῖς τοῖς ὄμμασιν ὄψεται μειδιῶσα, οὐδὲ ἵλεως
καὶ εὐμενὴς διανυκτερεύσει τοῖς ἡδίστοις ἐκεί-
νοις ἀπολαύσμασιν. ἀρτίως μὲν οἷον ἐφθέγγετο,
οἷον ἔβλεπεν, ὅσαι ταῖς ὁμιλίαις αὐτῆς σειρῆνες
ἐνίδρυντο, ὡς δὲ ἡδύ τι καὶ ἀκήρατον ἀπὸ τῶν
φιλημάτων νέκταρ ἔσταζεν· ἐπ' ἄκροις μοι δοκεῖ
τοῖς χείλεσιν αὐτῆς ἐκάθισεν ἡ Πειθώ. ἅπαντα
ἐκείνη γε τὸν κεστὸν ὑπέζωστο, ὅλαις ταῖς Χάρισι τὴν Ἀφροδίτην δεξιωσαμένη. ἔρρει τὰ παρὰ
τὰς προπόσεις μινυρίσματα, καὶ ἡ τοῖς ἐλεφαντί-
νοις δακτύλοις κρουομένη λύρα ἔρρει. κεῖται δὲ
ἡ πάσαις μέλουσα Χάρισι κωφὴ λίθος καὶ σποδιά.
Καὶ Μεγάρα μὲν ἡ ἱππόπορνος ζῇ, οὕτω Θεαγέ-
νην συλήσασα ἀνηλεῶς, ὡς ἐκ πάνυ λαμπρᾶς
οὐσίας τὸν ἄθλιον χλαμύδιον ἁρπάσαντα καὶ
πέλτην οἴχεσθαι στρατευσόμενον· Βακχὶς δὲ ἡ
τὸν ἐραστὴν φιλοῦσα ἀπέθανε.
Ῥᾴων γέγονα πρὸς σὲ ἀποδυράμενος, Εὐθύκλεις
φίλτατε· ἡδὺ γάρ μοί τι δοκεῖ περὶ ἐκείνης καὶ
λαλεῖν καὶ γράφειν· οὐδὲν γὰρ ἢ τὸ μεμνῆσθαι
καταλέλειπται. ἔρρωσο.

Φρύνη Πραξιτέλει

...μὴ δείσῃς· ἐξείργασαι γὰρ πάγκαλόν τι χρῆμα,
οἷον δή τι οὐδεὶς εἶδε πώποτε πάντων τῶν διὰ
χειρῶν πονηθέντων, τὴν σεαυτοῦ ἑταίραν ἱδρύ-
σας ἐν τεμένει. μέση γὰρ ἕστηκα ἀπὸ τῆς σῆς

50

mich mit Freunden, sie aber wird mich nicht mehr mit ihren heiteren Augen anlachen, nicht mehr wird sie mir still und sanft die Nacht mit süßen Wonnen kürzen. Wie bezaubernd sie doch plaudern konnte, wie ihre Augen gestrahlt haben, wieviel Bestrickendes lag im Beisammensein mit ihr, wie süß und rein träufelte Nektar von ihren Küssen. Wahrhaftig, ich glaube, auf ihren Lippen ist die Verführung selbst gesessen. Mit aller Anmut empfing sie, die Liebe gab, die Liebe. Dahin sind nun ihre Lieder beim Gelage, zerschellt die Leier, die sie mit ihren Elfenbeinfingerchen schlug. Sie, einst geliebt von allen Charitinnen, liegt nun stumm als Asche unter dem kalten Stein.

Aber die Pferdemetze Megara lebt, die den Theagenes unbarmherzig ausgesogen hat, daß er von seinem großen Vermögen kaum einen schäbigen Mantel und einen Schild rettete und stracks unter die Soldaten gehen mußte. Und Bakchis, die ihren Freund so lieb gehabt hatte, ist tot.

Mir ist leichter geworden, liebster Euthykles, weil ich mich bei Dir ausgeweint habe, denn es ist mir lieb, wenn ich von ihr sprechen oder schreiben kann. Ich habe ja nichts mehr als die Erinnerung. Leb wohl!

Phryne an Praxiteles

Fürchte keinen Skandal, denn Du hast ein herrliches Werk vollbracht, wie es noch niemand von Menschenhand geschaffen gesehen hat. Das Standbild Deiner Geliebten hast Du im Tempelhaine aufgestellt, dort stehe

Αφροδίτης καὶ τοῦ Ερωτος ἄμα τοῦ σοῦ. μὴ
φθονήσῃς δέ μοι τῆς τιμῆς· οἱ γὰρ ἡμᾶς θεασάμε-
νοι ἐπαινοῦσι Πραξιτέλη, καὶ ὅτι τῆς σῆς τέχνης
γέγονα οὐκ ἀδοξοῦσί με Θεσπιεῖς μέσην κεῖσθαι
θεῶν. ἐν ἔτι τῇ δωρεῷ λείπει, ἐλθεῖν σε πρὸς
ἡμᾶς, ἵνα ἐν τῷ τεμένει μετ' ἀλλήλων κατακλινῶμεν. οὐ μιανοῦμεν γὰρ τοὺς θεοὺς οὓς αὐτοὶ
πεποιήκαμεν. ἔρρωσο.

Λάμια Δημητρίῳ

Σὺ ταύτης τῆς παρρησίας αἴτιος, ὃς τοσοῦτος ὢν
βασιλεὺς εἶτα ἐπέτρεψας καὶ ἑταίρᾳ γράφειν σοι,
καὶ οὐχ ἡγησάμενος δεινὸν ἐντυγχάνειν τοῖς
ἐμοῖς γράμμασιν ὅλῃ μοι ἐντυγχάνων.
Ἐγώ, δέσποτα Δημήτριε, ὅταν μὲν ἔξω σε θεά-
σωμαι καὶ ἀκούσω μετὰ τῶν δορυφόρων καὶ τῶν
στρατοπέδων καὶ τῶν πρέσβεων καὶ τῶν διαδη-
μάτων, νὴ τὴν Ἀφροδίτην, πέφρικα καὶ ταράττο-
μαι καὶ ἀποστρέφομαι ὡς τὸν ἥλιον, μὴ ἐπικαῶ
τὰ ὄμματα· καὶ τότε μοι ὄντως ὁ πολιορκητὴς
εἶναι δοκεῖς Δημήτριος· οἷον δὲ καὶ βλέπεις τότε,
ὡς πικρὸν καὶ πολεμικόν· καὶ ἀπιστῶ ἐμαυτῇ καὶ
λέγω 'Λάμια, σὺ μετὰ τούτου καθεύδεις; σὺ διὰ
νυκτὸς ὅλης αὐτὸν καταυλεῖς; σοὶ νῦν οὗτος
ἐπέσταλκε; σοὶ Γνάθαιναν τὴν ἑταίραν συγκρί-
νει'; καὶ ἠλογημένη σιωπῶ καὶ εὔχομαί σε θεά-
σασθαι παρ' ἑαυτῇ. καὶ ὅταν ἔλθῃς, προσκυνῶ

ich nun zwischen Deiner Aphrodite und Deinem Eros. Mißgönne mir diese Ehre nicht, preisen doch die, die uns sehen, den Praxiteles, und die Thespier halten es, weil mich Deine Kunst schuf, nicht für eine Sünde, wenn ich zwischen Göttern stehe. Es fehlt nur noch eines, um das Geschenk voll zu machen — komm zu mir, damit wir uns im Haine zur Liebe lagern. Denn die Götter, die wir selbst geschaffen, werden wir schon nicht entweihen. Leb wohl!

Lamia an Demetrios

Dir verdanke ich es, daß ich so frei reden darf. Du bist ein so großer König und gestattest auch einer Hetäre, Dir zu schreiben, und findest es nicht unter Deiner Würde, Briefe von mir in die Hand zu nehmen, da Du mich ja ganz nimmst.

Demetrios, Gebieter, wenn ich Dich draußen sehe und höre mit Deinem Gefolge, den Soldaten und Gesandten, mit den gekrönten Häuptern, bei Aphrodite, da überläuft's mich kalt, ich werde verwirrt, da wende ich mich ab wie vor der Sonne, damit ich nicht geblendet werde. Dann, Demetrios, scheinst Du mir wirklich der „Eroberer" zu sein. Aber was hast Du da auch für einen Blick! Finster und martialisch! In solchen Augenblicken werde ich immer an mir selbst irre und frage mich: „Lamia, bei ihm schläfst Du, die ganze Nacht bezaubert ihn Dein Flötenspiel? An Dich hat er jetzt geschrieben? Dich stellt er mit seiner Freundin Gnathaina auf eine Stufe?" Und da ich es nicht fassen kann, schweige ich und sehne

σε· καὶ ὅταν περιπλακείς με καταφιλῇς, πάλιν
πρὸς ἐμαυτὴν τἀναντία λέγω 'οὗτός ἐστιν ὁ πο-
λιορκητής; οὗτός ἐστιν ὁ ἐν τοῖς στρατοπέδοις;
τοῦτον φοβεῖται ἡ Μακεδονία, τοῦτον ἡ Ἑλλάς,
τοῦτον ἡ Θρᾴκη; νὴ τὴν Ἀφροδίτην, σήμερον
αὐτὸν τοῖς αὐλοῖς ἐκπολιορκήσω καὶ ὄψομαι τί
με διαθήσει' ...
Μᾶλλον εἰς τρίτην, παρ' ἐμοὶ γὰρ δειπνήσεις,
δέομαι. τὰ Ἀφροδίσια ποιῶ ταῦτα τὰ κατ' ἔτος,
καὶ ἀγῶνα ἔχω ἀεὶ τὰ πρότερα τοῖς ὑστέροις νικᾶν. ὑποδέξομαι δή σε ἐπαφροδίτως καὶ ὡς ἔνι
μάλιστα ἐπιφανῶς, ἂν μοι περιουσιάσαι γένηται
ὑπὸ σοῦ, μηδὲν ἀ ἄξιον τῶν σῶν ἀγαθῶν ἐξ
ἐκείνης τῆς ἱερᾶς νυκτὸς ἔτι πεποιηκυίᾳ, καίτοι
σοῦ γε ἐπιτρέποντος ὅπως ἂν βούλωμαι χρῆσθαι
τῷ ἐμῷ σώματι· ἀλλὰ κέχρημαι καλῶς καὶ ἀμίκ-
τως πρὸς ἑτέρους. οὐ ποιήσω τὸ ἑταιρικὸν οὐδὲ
ψεύσομαι, δέσποτα, ὡς ἄλλαι ποιοῦσιν. ἐμοὶ γὰρ
ἐξ ἐκείνου, μὰ τὴν Ἄρτεμιν, οὐδὲ προσέπεμψαν
ἔτι πολλοὶ οὐδὲ ἐπείρασαν αἰδούμενοί σου τὰς
πολιορκίας.
Ὀξύς ἐστιν Ἔρως, ὦ βασιλεῦ, καὶ ἐλθεῖν καὶ
ἀναπτῆναι. ἐλπίσας πτεροῦται, καὶ ἀπελπίσας
ταχὺ πτερορρυεῖν εἴωθεν ἀπογνωσθείς. διὸ καὶ
μέγα τῶν ἑταιρουσῶν ἔστι σόφισμα, ἀεὶ τὸ πα-
ρὸν τῆς ἀπολαύσεως ὑπερτιθεμένας ταῖς ἐλπίσι
διακρατεῖν τοὺς ἐραστάς. πρὸς ὑμᾶς δὲ οὐδὲ

54

mich danach, Dich bei mir zu sehen. Und wenn Du dann
kommst, werfe ich mich Dir zu Füßen. Und wenn Du
mich herzlich in Deine Arme schließt, sage ich mir das
Gegenteil: „Das ist der Eroberer, der große Feldherr?
Vor dem zittert Mazedonien, Hellas und Thrakien? Bei
Aphrodite, heute will ich ihn mit meiner Flöte erobern
und sehen, was er mir tun wird . . .“
Bleib doch bis übermorgen! Denn da mußt Du bei mir
speisen, bitte! Die jetzt wiederkehrenden Aphrodisien
feiere ich alle Jahre, und ich bemühe mich, sie jedesmal
schöner zu feiern. Diesmal sollst Du einen gänzenden,
denkbar prunkvollen Empfang finden, ich muß nur die
entsprechenden Mittel von Dir erhalten. Habe ich doch
seit jener weihevollen Nacht noch nichts getan, was mich
Deiner Wohltaten unwert macht, obgleich Du mir frei-
stelltest, nach Belieben über meinen Körper zu verfügen.
Ich habe mich brav gehalten und unberührt von den
andern. Ich will es nicht machen wie eine Hetäre und
Dich nicht betrügen, mein Gebieter, wie die übrigen es
tun. Übrigens sind seitdem, bei Artemis, auch nur wenige
an mich herangetreten und haben mir Anträge gemacht.
Sie respektieren Deine Eroberungen.
Eros ist schnell, mein König, ein Kommen und ein Weg-
fliegen: durch das Erwarten wachsen ihm die Flügel, und
wo er zurückgewiesen nicht mehr erwartet, dort fallen
ihm gewöhnlich gleich die Federn aus. Deswegen ist es
auch ein Haupttrick der Hetären, den Augenblick des Ge-
nusses immer wieder hinauszuschieben und die Liebhaber
durch die Aussicht auf Genuß zu fesseln. Euch gewaltigen

ὑπερτίθεσθαι ἔξεστιν, ὥστε φόβον εἶναι κόρου. λοιπὸν οὖν ἡμᾶς δεῖ τὰ μὲν ποιεῖν, τὰ δὲ μαλακίζεσθαι, τὰ δὲ ᾄδειν, τὰ δὲ αὐλεῖν, τὰ δὲ ὀρχεῖσθαι, τὰ δὲ δειπνοποιεῖν, τὰ δὲ κοσμεῖν σοὶ τὸν οἶκον, τὰς δὲ ὁπωσοῦν ἄλλως ταχὺ μαραινομένας μεσολαβούσας χάριτας, ἵνα μᾶλλον ἐξάπτωνται τοῖς διαστήμασιν εὐαλέστεραι αὐτῶν αἱ ψυχαί, φοβουμένων μὴ ἄλλο πάλιν γένηται τῆς ἐν τῷ παρόντι τύχης κώλυμα. ταῦτα δὲ πρὸς μὲν ἑτέρους τάχα ἂν ἐδυνάμην, βασιλεῦ, πλάττεσθαι καὶ τεχνιτεύειν· πρὸς δὲ σέ, ὃς οὕτως ἤδη ἔχεις ἐπ' ἐμοὶ ὡς ἐπιδεικνύναι με καὶ ἀγάλλεσθαι πρὸς τὰς ἄλλας ἑταίρας ὅτι πασῶν ἐγὼ πρωτεύω, μὰ τὰς φίλας Μούσας, οὐκ ἂν ὑπομείναιμι πλάττεσθαι· οὐχ οὕτως εἰμὶ λιθίνη. ὥστε ἀφεῖσα πάντα καὶ τὴν ψυχὴν ἐμαυτῆς εἰς τὴν σὴν ἀρέσκειαν ὀλίγον ἡγήσομαι δεδαπανῆσθαι. Εὖ οἶδα γὰρ ὅτι οὐ μόνον ἐν τῇ Θηριππίδου οἰκίᾳ, ἐν ᾗ μέλλω σοι τὸ τῶν Ἀφροδισίων εὐτρεπίζειν δεῖπνον, ἔσται διαβόητος ἡ παρασκευή, ἀλλὰ καὶ ἐν ὅλῃ τῇ Ἀθηναίων πόλει, νὴ τὴν Ἄρτεμιν, καὶ ἐν τῇ Ἑλλάδι πάσῃ. καὶ μάλιστα οἱ μισητοὶ Λακεδαιμόνιοι, ἵνα δοκῶσιν ἄνδρες εἶναι οἱ ἐν Ἐφέσῳ ἀλώπεκες, οὐ παύσονται ἐν τοῖς Ταϋγέτοις ὄρεσι καὶ ταῖς ἐρημίαις ἑαυτῶν διαβάλλοντες ἡμῶν τὰ δεῖπνα καὶ καταλυκουργίζοντες τῆς σῆς ἀνθρωποπαθείας. ἀλλ' οὗτοι

Herren gegenüber gibt es freilich nicht einmal ein Hinausschieben, so daß Gefahr vor Übersättigung besteht. Da müssen wir nun also etwas tun, bald zu angegriffen sein, bald singen, spielen und tanzen, ein Mahl arrangieren, das Gemach schmücken und so irgend etwas vor den letzten Liebesbeweisen, deren Reiz sonst zu rasch verfliegt, einschieben, um die durch die Verzögerung leichter zu erregende Leidenschaft stärker zu entflammen, wenn sie fürchten müssen, es komme immer ein neues Hindernis für ihr augenblickliches Glück. Gegen andere könnte ich das vielleicht, mein König, heucheln und raffiniert sein, aber gegen Dich, der Du Dich schon so zu mir stellst und vor den anderen Mädchen auf mich stolz bist und mit mir prahlst, ich wäre die Schönste von allen, — so wahr mir meine Musen lieb sind, brächte ich es nicht übers Herz, mich zu verstellen, so gefühllos bin ich nicht. Alles hinzugeben, ja selbst mein Leben, wenn es Dir gefällt: zu wenig, will mir scheinen, hätte ich damit getan.

Ich weiß, daß die Veranstaltung nicht nur im Hause des Therippides, wo ich Dir das Aphrodisienmahl herrichten will, Aufsehen erregen wird, sondern in der ganzen Stadt Athen und, bei Artemis, in ganz Hellas. Besonders die unausstehlichen Spartaner, die Füchse von Ephesos, möchten gerne als rechte Männer erscheinen und werden im Taygetosgebirge und in ihrer Wüste unaufhörlich über unsere Festlichkeiten schimpfen und Deine Herablassung zu menschlichem Lebensgenuß mit lykurgischer Strenge verurteilen. Laß sie nur gewähren, mein Gebieter. Ver-

μὲν χαιρόντων, δέσποτα, σὺ δέ μοι μέμνησο φυ-
λάξαι τὴν ἡμέραν τοῦ δείπνου καὶ τὴν ὥραν ἣν
ἂν ἕλῃ· ἀρίστη γὰρ ἣν σὺ βούλει· ἔρρωσο.

Λεόντιον Λαμίᾳ

Οὐδὲν δυσαρεστότερον, ὡς ἔοικεν, ἐστὶν ἄρτι
πάλιν μειρακευομένου πρεσβύτου. οἷά με Ἐπί-
κουρος οὗτος διοικεῖ πάντα λοιδορῶν, πάντα
ὑποπτεύων, ἐπιστολὰς ἀδιαλύτους μοι γράφων,
ἐκδιώκων ἐκ τοῦ κήπου. μὰ τὴν Ἀφροδίτην, εἰ
Ἄδωνις ἦν, ἤδη ἐγγὺς ὀγδοήκοντα γεγονὼς ἔτη,
οὐκ ἂν αὐτοῦ ἠνεσχόμην φθειριῶντος καὶ φιλο-
νοσοῦντος καὶ καταπεπιλημένου εὖ μάλα πόκοις
ἀντὶ πίλων. μέχρι τίνος ὑπομενεῖ τις τὸν φιλό-
σοφον τοῦτον; ἐχέτω τὰς περὶ φύσεως αὐτοῦ κυ-
ρίας δόξας καὶ τοὺς διεστραμμένους κανόνας
ἐμὲ δὲ ἀφέτω τὴν φυσικῶς κυρίαν ἐμαυτῆς ἀστο-
μάχητον καὶ ἀνύβριστον. ὄντως ἐγὼ πολιορκη-
τὴν ἔχω τοῦτον, οὐχ οἷον σὺ Λάμια Δημήτριον.
Μὴ γὰρ ἔστι σωφρονῆσαι διὰ τὸν ἄνθρωπον τοῦτον; καὶ σωκρατίζειν καὶ στωμύλλεσθαι θέλει
καὶ εἰρωνεύεσθαι, καὶ Ἀλκιβιάδην τινὰ τὸν Πυ-
θοκλέα νομίζει καὶ Ξανθίππην ἐμὲ οἴεται ποιή-
σειν. καὶ πέρας ἀναστᾶσα ὁποίποτε γῆν πρὸ γῆς
φεύξομαι μᾶλλον ἢ τὰς ἐπιστολὰς αὐτοῦ τὰς
ἀδιαπαύστους ἀνέξομαι.
Ὁ δὲ πάντων δεινότατον ἤδη καὶ ἀφορητότατον

giß mir nicht, Dir den Tag für das Festmahl freizuhalten und die Stunde, die Dir paßt, denn die Du festsetzt, ist die beste. Bleib wohlauf!

Leontion an Lamia

Es gibt wohl nichts Mürrischeres als einen Alten, in dem eben wiederum das Kind erwacht. Wie mich nur dieser Epikuros quält! An allem hat er etwas zu nörgeln, alles beargwöhnt er, ununterbrochen schreibt er mir Briefe und jagt mich aus dem Schulgarten. Ja, bei Aphrodite, wenn er mit seinen fast achtzig Jahren wenigstens ein Adonis wäre! Ich kann es nicht länger bei ihm aushalten, bei diesem gichtischen Hypochonder, der statt mit Haaren mit einem Fell bewachsen ist. Wie lange vermöchte man bei diesem Philosophen zu bleiben? Er soll seinen „Katechismus über die Natur der Dinge" und seine zweifelhaften „Grundregeln" für sich behalten und mich, die ich von der Natur meine eigenen Regeln habe, soll er ungeschoren und unbeschimpft lassen. Wahrlich, ich habe an ihm einen „Eroberer", aber nicht einen solchen wie Du, Lamia, ihn an Deinem Demetrios hast.

Ja, kann man denn wegen dieses Menschen nicht ruhig leben? Er will den Sokrates spielen, die Leute anschwatzen und ironisieren, und hält den Pythokles sozusagen für seinen Alkibiades, und glaubt, daß ich ihm eine Xanthippe abgeben werde; aber eher gehe ich auf und davon und fliehe von Land zu Land, ganz gleich wohin, bevor

τετόλμηκεν, ὑπὲρ οὗ καὶ γνώμην βουλομένη λαβεῖν τί μοι ποιητέον ἐπέσταλκά σοι.

Τίμαρχον τὸν καλὸν οἶσθα τὸν Κηφισιᾶθεν. οὐκ ἀρνοῦμαι πρὸς τὸν νεανίσκον οἰκείως ἔχειν ἐκ πολλοῦ — πρὸς σέ μοι τἀληθῆ Λάμια — καὶ τὴν πρώτην ἀφροδίτην ἔμαθον παρ' αὐτοῦ σχεδόν· οὗτος γάρ με διεπαρθένευσεν ἐκ γειτόνων οἰκοῦσαν. ἐξ ἐκείνου τοῦ χρόνου πάντα μοι τἀγαθὰ πέμπων οὐ διαλέλοιπεν, ἐσθῆτα, χρυσία, θεραπαίνας θεράποντας, Ἰνδὰς Ἰνδούς. τἄλλα σιωπῶ. ἀλλὰ τὰ μικρότατα προλαμβάνει τῆς ὥρας, ἵνα μηδεὶς φθάσῃ με γευσάμενος. τοιοῦτον νῦν ἐραστὴν 'ἀπόκλεισον' φησὶ 'καὶ μὴ προσίτω σοι', ποίοις δοκεῖς αὐτὸν ἀποκαλῶν ὀνόμασιν; οὔτε ὡς Ἀττικὸς οὔτε ὡς φιλόσοφος, ἀλλ' ὡς φορτηγὸς ἐκ Καππαδοκίας πρῴην εἰς τὴν Ἑλλάδα ἥκων. ἐγὼ μὲν εἰ καὶ ὅλη γέμοι ἡ Ἀθηναίων πόλις Ἐπικούρων, μὰ τὴν Ἄρτεμιν, οὐ ζυγοστατήσω πάντας αὐτοὺς πρὸς τὸν Τιμάρχου βραχίονα, μᾶλλον δὲ οὐδὲ πρὸς τὸν δάκτυλον. τί σὺ λέγεις Λάμια; οὐκ ἀληθῆ ταῦτα; οὐ δίκαιά φημι; καὶ μὴ δή, δέομαί σου πρὸς τῆς Ἀφροδίτης, μή σοι ταῦτα ἐπελθέτω· 'ἀλλὰ φιλόσοφος, ἀλλὰ ἐπιφανής, ἀλλὰ πολλοῖς φίλοις κεχρημένος'. λαβέτω καὶ ἀγὼ ἔχω, διδασκέτω δ' ἄλλους. ἐμὲ γὰρ οὐδὲν θάλπει ἡ δόξα, ἀλλ' ὃν θέλω δὸς Τίμαρχον, Δάματερ.

ich seine langatmigen Briefe noch länger über mich ergeben lasse.

Aber nun die allerhöchste Frechheit, die ich nicht mehr auf mich sitzen lassen kann! Gerade deswegen will ich Dich um Rat fragen und schreibe Dir diese Zeilen.

Du kennst doch den schönen Timarchos aus Kephisia. Ich leugne nicht — denn Dir, Lamia, kann ich ruhig die Wahrheit sagen —, daß ich mit dem jungen Mann schon lange intim bin. Er hat mich fast als erster in die Liebe eingeführt, denn, als wir Nachbarskinder waren, hat er mir meine Unschuld geraubt. Seit damals schickt er mir regelmäßig die schönsten Dinge, Kleider, Schmuck, Zofen und Diener, indische Sklavinnen und Sklaven. Von allen anderen Aufmerksamkeiten gar nicht zu reden. Alle möglichen Kleinigkeiten schickt er mir vor der Saison, damit sie ja niemand vor mir koste. „Einen solchen Liebhaben", sagt Epikuros, „sperre aus und laß ihn gar nicht ein!" Und was für Schimpfnamen, glaubst Du, hat er ihm gegeben! Weder wie ein Athener noch wie ein Philosoph, sondern wie ein Packknecht, der erst kürzlich aus Kappadokien nach Griechenland zugereist ist. Wenn in ganz Athen nur Epikure lebten, wahrlich bei Artemis, ich gäbe für sie alle nicht einen Arm des Timarchos, ja nicht einmal seinen kleinen Finger. Lamia, was sagst Du dazu? Ist es nicht so? Habe ich nicht vollkommen recht? Wahrhaftig, ich beschwöre Dich bei Aphrodite, laß Dir nicht einfallen zu sagen: „Aber er ist ein Philosoph, eine Berühmtheit, er hat viele Freunde!" Was ich habe, soll

Ἀλλὰ καὶ δι' ἐμὲ πάντα ἠνάγκασται ὁ νεανίσκος
καταλιπών, τὸ Λύκειον καὶ τὴν ἑαυτοῦ νεότητα
καὶ τοὺς συνεφήβους καὶ τὴν ἑταιρείαν, μετ'
αὐτοῦ ζῆν καὶ κολακεύειν αὐτὸν καὶ καθυμνεῖν
τὰς ὑπηνέμους αὐτοῦ δόξας. ὁ δὲ Πρωτεὺς οὗτος
'ἔξελθε' φησίν 'ἐκ τῆς ἐμῆς μοναγρίας καὶ μὴ
πρόσιθι Λεοντίῳ'. ὡς οὐ δικαιότερον ἐκείνου
ἐροῦντος 'σὺ μὲν οὖν μὴ πρόσιθι τῇ ἐμ˜'. καὶ ὁ
μὲν νεανίσκος ὢν ἀνέχεται τὸν ὕστερον ἀντε-
ραστὴν γέροντα, ὁ δὲ τὸν δικαιότερον οὐχ ὑπο-
μένει. τί ποιήσω, πρὸς τῶν θεῶν ἱκετεύω σε Λάμια. νὴ τὰ μυστήρια, νὴ τὴν τούτων τῶν κακῶν
ἀπαλλαγήν, ὡς ἐνθυμηθεῖσα τοῦ Τιμάρχου τὸν
χωρισμὸν ἄρτι ἀπέψυγμαι καὶ ἵδρωκα τὰ ἄκρα
καὶ ἡ καρδία μου ἀνέστραπται.

Δέομαί σου, δέξαι με πρὸς σεαυτὴν ἡμέρας ὀλί-
γας, καὶ ποιήσω τοῦτον αἰσθάνεσθαι πηλίκων
ἀπέλαυεν ἀγαθῶν ἔχων ἐν τῇ οἰκίᾳ ἐμέ. καὶ
οὐκέτι φέρει τὸν κόρον, εὖ οἶδα· πρεσβευτὰς
εὐθὺς πρὸς ἡμᾶς διαπέμψεται Μητρόδωρον καὶ
Ἕρμαρχον καὶ Πολύαινον. ποσάκις οἴει με, Λάμια, πρὸς αὐτὸν ἰδίᾳ παραγενομένην εἰπεῖν 'τί
ποιεῖς Ἐπίκουρε; οὐκ οἶσθα ὡς διακωμῳδεῖ σε
Τιμοκράτης ὁ Μητροδώρου ἀδελφὸς ἐπὶ τούτοις
ἐν ταῖς ἐκκλησίαις, ἐν τοῖς θεάτροις, παρὰ τοῖς
ἄλλοις σοφισταῖς'; ἀλλὰ τί ἔστιν αὐτῷ ποιῆσαι;

er nehmen, aber seine Lehren soll er anderen geben. Mir imponiert sein Ruhm nicht im geringsten. Demeter, schenk mir den, den ich will, den Timarchos!

Meinetwegen mußte der junge Mann alles verlassen, das Lykeion, seine Jugend, seine Freunde und Kameraden und mit Epikuros leben, ihm lobhudeln und seine abgedroschenen Lehren verhimmeln. Denn dieser Proteus sagte: „Geh aus meinem Revier, und häng' dich nicht an Leontion!" Mit viel größerer Berechtigung hätte aber der Jüngling sagen können: „Geh nur du nicht in meines!" Der Junge erträgt den greisen Rivalen, dem er etliches vorgeben kann, dieser aber duldet den nicht, der das größere Recht hat. Bei den Göttern, Lamia, beschwöre ich Dich, was soll ich tun? Bei den Mysterien und so wahr ich Erlösung aus dieser Hölle hoffe, wenn ich daran denke, daß ich von Timarchos getrennt bin, überläuft's mich gleich kalt, der Angstschweiß tritt mir auf die Stirne und das Herz dreht sich mir im Leibe um.

Ich bitte Dich, nimm mich auf einige Tage zu Dir, damit Epikuros spürt, wie gut er es gehabt hat, als er mich in seinem Hause hatte. Dann wird es mit seinem Hochmut bald vorbei sein, dessen bin ich sicher. Bald wird er mir den Metrodoros, Hermarchos und Polyainos als Friedensboten schicken. Wie oft, glaubst Du, Lamia, habe ich ihm unter vier Augen gesagt: „Wie benimmst Du Dich, Epikuros? Weißt Du denn nicht, daß Dich Timokrates, der Bruder des Metrodoros, deswegen in den Versammlungen, in den Theatern, bei den übrigen Sophisten verspottet?" Aber was ist mit diesem Menschen

ἀναίσχυντός ἐστι τῷ ἐρᾶν. καὶ ἐγὼ ἔσομαι τοίνυν ὁμοία τις αὐτῷ ἀναίσχυντος καὶ οὐκ ἀφήσω τὸν ἐμὸν Τίμαρχον. ἔρρωσο.

Θαῖς Εὐθυδήμῳ

Ἐξ οὗ φιλοσοφεῖν ἐπενόησας, σεμνός τις ἐγένου καὶ τὰς ὀφρῦς ὑπὲρ τοὺς κροτάφους ἐπῆρας. εἶτα σχῆμα ἔχων καὶ βιβλίδιον μετὰ χεῖρας εἰς τὴν Ἀκαδήμιαν σοβεῖς, τὴν δὲ ἡμετέραν οἰκίαν ὡς οὐδὲ ἰδὼν πρότερον παρέρχῃ.

Ἐμάνης Εὐθύδημε, οὐκ οἶδας οἷός ἐστιν ὁ σοφιστὴς οὗτος ὁ ἐσκυθρωπακὼς καὶ τοὺς θαυμαστοὺς τούτους διεξιὼν πρὸς ὑμᾶς λόγους. ἀλλ’ ἐμοὶ μὲν πράγματα πόσος ἐστὶν οἴει χρόνος ἐξ οὗ παρέχει βουλόμενος ἐντυχεῖν; προσφθείρεται δὲ Ἑρπυλλίδι τῇ Μεγάρας ἄβρᾳ. τότε μέν οὖν αὐτὸν οὐ προσιέμην, σὲ γὰρ περιβάλλουσα κοιμᾶσθαι μᾶλλον ἐβουλόμην ἢ τὸ παρὰ πάντων σοφιστῶν χρυσίον. ἐπεὶ δέ σε ἀποτρέπειν ἔοικε τῆς μεθ’ ἡμῶν συνηθείας, ὑποδέξομαι αὐτὸν καί, εἰ βούλει, τὸν διδάσκαλον τουτονὶ τὸν μισογύναιον ἐπιδείξω σοι νυκτὸς οὐκ ἀρκούμενον ταῖς συνήθεσιν ἡδοναῖς. λῆρος ταῦτά ἐστι καὶ τῦφος καὶ ἐργολάβεια μειρακίων, ὦ ἀνόητε.

Οἴει δὲ διαφέρειν ἑταίρας σοφιστήν; τοσοῦτον

anzufangen? In seiner Verliebtheit ist er unverschämt.
Doch ich werde ebenso unverschämt sein wie er und
meinen Timarchos nicht hergeben. Leb wohl!

Thais an Euthydemos

Seitdem Du es Dir in den Kopf gesetzt hast, Philo-
sophie zu studieren, bist Du würdevoll geworden und
ziehst die Brauen über die Schläfen. Mit Pose, eine kleine
Rolle in der Hand, stolzierst Du zur Akademie, an meinem Haus aber gehst Du vorbei, als ob Du es nie zuvor
gesehen hättest.
Du bist wohl übergeschnappt, Euthydemos, weißt nicht,
wie so ein Sophist eigentlich ist, der eine würdige Miene
aufsetzt und Reden hält, die von Euch bewundert werden? Aber wie lange, glaubst Du, ist es her, daß er mich
mit seinen Zudringlichkeiten belästigte? Augenblicklich
ist er allerdings in die Herpyllis, die Zofe der Megara,
vernarrt. Ich habe ihm damals einen Korb gegeben, denn
lieber als das Gold aller Sophisten zusammen war es mir,
in Deinen Armen zu liegen. Da er Dich nun anscheinend
von mir abhält, werde ich ihn erhören und Dir, wenn Du
willst, Deinen Herrn Lehrer, den Weiberfeind, einmal
bei Nacht zeigen, ihn, der sich nicht mit den normalen
Vergnügungen zufrieden gibt. Seine Lehren sind nur
Phrasen und Unsinn, bloß darauf angelegt, junge, uner-
fahrene Leute hineinzulegen. O Du dummer Junge!
Glaubst Du am Ende gar, daß zwischen einem Sophisten
und einer Hetäre ein großer Unterschied besteht? Inso-

ἴσως ὅσον οὐ διὰ τῶν αὐτῶν ἑκάτεροι πείθου-
σιν, ἐπεὶ ἕν γε ἀμφοτέροις τέλος πρόκειται τὸ
λαβεῖν. πόσῳ δὲ ἀμείνους ἡμεῖς καὶ εὐσεβέστε-
ραι· οὐ λέγομεν θεοὺς οὐκ εἶναι, ἀλλὰ πιστεύο-
μεν ὀμνύουσι τοῖς ἐρασταῖς ὅτι φιλοῦσιν ἡμᾶς·
οὐδ᾽ ἀξιοῦμεν ἀδελφαῖς καὶ μητράσι μίγνυσθαι
τοὺς ἄνδρας, ἀλλ᾽ οὐδὲ γυναιξὶν ἀλλοτρίαις.
Εἰ μὴ ὅτι τὰς νεφέλας ὁπόθεν εἶεν καὶ τὰς ἀτό-
μους ὁποῖαι ἀγνοοῦμεν, διὰ τοῦτο ἥττους δοκοῦ-
μέν σοι τῶν σοφιστῶν. καὶ αὐτὴ παρὰ τούτοις
ἐσχόλακα καὶ πολλοῖς διείλεγμαι. οὐδὲ εἷς ἑταίρᾳ ὁμιλῶν τυραννίδας ὀνειροπολεῖ καὶ στασιά-
ζει τὰ κοινά, ἀλλὰ σπάσας τὸν ἑωθινὸν καὶ με-
θυσθεὶς εἰς ὥραν τρίτην ἢ τετάρτην ἠρεμεῖ. παι-
δεύομεν δὲ οὐ χεῖρον ἡμεῖς τοὺς νέους. ἐπεὶ
σύγκρινον, εἰ βούλει, Ἀσπασίαν τὴν ἑταίραν καὶ
Σωκράτην τὸν σοφιστήν, καὶ πότερος ἀμείνους
αὐτῶν ἐπαίδευσεν ἄνδρας λόγισαι· τῆς μὲν γὰρ
ὄψει μαθητὴν Περικλέα, τοῦ δὲ Κριτίαν.
Κατάβαλλε τὴν μωρίαν ταύτην καὶ ἀηδίαν, ὁ
ἐμὸς ἔρως Εὐθύδημε – οὐ πρέπει σκυθρωποῖς
εἶναι τοιούτοις ὄμμασι – καὶ πρὸς τὴν ἐρωμένην
ἧκε τὴν ἑαυτοῦ οἷος ἐπανελθὼν ἀπὸ Λυκείου
πολλάκις τὸν ἱδρῶτα ἀποψώμενος, ἵνα μικρὰ
κραιπαλήσαντες ἐπιδειξώμεθα ἀλλήλοις τὸ κα-

ferne vielleicht, als sich jeder von beiden anderer Über-
redungsmittel bedient, aber der Endzweck ist für beide
schließlich doch das Nehmen. Und um wieviel sind wir
anständiger und frömmer! Wir leugnen nicht die Exi-
stenz von Göttern, sondern vertrauen den Schwüren unserer Freunde, daß sie uns lieben. Wir leiden es nicht, daß
die Männer sich mit Schwestern und Müttern paaren,
aber auch nicht, daß sie zu anderen Frauen gehen.
Außer wir scheinen Dir deshalb geringer als die Sophisten, weil wir nicht wissen, woher die Wolken kommen
und was die Atome sind. Ich bin ja selbst bei diesen Sophisten in die Schule gegangen und habe mit vielen ver-
kehrt. Noch nie hat einer, der mit einer Hetäre Umgang
hatte, von Tyrannis geträumt oder die Staatsordnung
durch Revolutionen gestört, dafür aber noch bis zum
frühen Morgen gezecht und bis neun oder zehn Uhr vor-
mittags friedlich geschlafen. Auch erziehen wir die Jungen nicht schlechter, vergleiche nur einmal, wenn du Lust
hast, die Hetäre Aspasia und den Sophisten Sokrates und
überlege, wer von ihnen die Jünglinge besser zu Männern erzogen hat, und Du wirst sehen, daß jene den Pe-
rikles, dieser den Kritias zum Schüler hatte.
Laß doch endlich solche Torheiten und das unausstehliche
Benehmen, Euthydemos, mein Liebling, denn was soll
die strenge Würde in Deinen schönen Augen? Komm
wieder zu Deinem Liebchen, wie Du früher oft aus dem
Lykeion kamst und Dir den Schweiß getrocknet hast.
Wir wollen ein wenig trinken und uns dann gegenseitig
der Freude schönes Ziel zeigen. Da werde ich Dir ganz

λὸν τέλος τῆς ἡδονῆς. καὶ σοὶ νῦν μάλιστα φα
νοῦμαι σοφή. οὐ μακρὸν δίδωσιν ὁ δαίμων χρόνον τοῦ ζῆν· μὴ λάθῃς τοῦτον εἰς αἰνίγματα καὶ
λήρους ἀναλώσας. ἔρρωσο.

Σιμαλίων Πετάλῃ

Εἰ μὲν ἡδονὴν σοί τινα φέρειν ἢ φιλοτιμίαν πρός
τινας τῶν διαλεγομένων οἴει τὸ πολλάκις ἡμᾶς
ἐπὶ τὰς θύρας φοιτᾶν καὶ τοῖς πεμπομένοις πρὸς
τοὺς εὐτυχεστέρους ἡμῶν θεραπαινιδίοις ἀποδύ-
ρεσθαι, οὐκ ἀλόγως ἡμῖν ἐντρυφᾷς. ἴσθι μέντοι,
καίτοι ποιῶν οἶδα πρᾶγμα ἀσύμφορον ἐμαυτῷ,
οὕτω με διακείμενον ὡς ὀλίγοι τῶν ἐντυγχα-
νόντων σοι νῦν ἀμεληθέντες ἂν διατεθεῖεν.
Καίτοι γε ᾤμην τὸν ἄκρατον ἔσεσθαί μοι παρη-
γόρημα, ὃν παρ᾽ Εὐφρονίῳ τρίτην ἑσπέραν πο-
λύν τινα ἐνεφορησάμην, ὡς δὴ τὰς παρὰ τὴν
νύκτα φροντίδας διωσόμενος· τὸ δὲ ἄρα ἐναν-
τίως ἔσχεν. ἀνερρίπισε γάρ μου τὴν ἐπιθυμίαν
ὥστε κλαίοντά με καὶ βρυχώμενον ἐλεεῖσθαι
μὲν παρὰ τοῖς ἐπιεικεστέροις, γέλωτα δὲ τοῖς
ἄλλοις παρέχειν. μικρὰ δ᾽ ἔτι ἐστί μοι παραψυχὴ
καὶ μαραινόμενον ἤδη παραμύθιον ..., ὅν μοι
ὑπὸ τὴν λυπρὰν ἐν τῷ συμποσίῳ μέμψιν προσ-
έρριψας ἀπ᾽ αὐτῶν περισπάσασα τῶν πλοκά-
μων, ὡς δὴ μὴ πᾶσι τοῖς ὑφ᾽ ἡμῶν πεμφθεῖσιν
ἀχθομένη.

entschieden klug vorkommen. Der Himmel hat die Lebenszeit nicht allzu reichlich bemessen, drum verbohr' Dich nicht in Rätsel und verbrauch' Deine Zeit nicht mit albernem Zeug. Bleib wohlauf!

Simalion an Petale

Wenn Du meinst, daß es Dir ein Vergnügen bereiten oder gegenüber Deinen Anbetern eine eitle Laune befriedigen kann, daß ich so häufig zu Deiner Tür komme und den Zofen, die zu Glücklicheren, als ich es bin, geschickt werden, etwas vorlamentiere, dann hat Dein Spott über mich wenigstens einen Sinn. Obwohl ich sehe, daß es vergebliche Liebesmühe ist, so wisse wenigstens, daß ich Dich doch noch so liebe, wie nur wenige von Deinen jetzigen Verehrern es täten, wenn Du ihnen Deine Gunst entzögest.
Ich hoffte zwar, daß mir der Wein Erleichterung bringen würde, den ich vorgestern bei Euphronios ungemischt und reichlich genossen habe, damit er die Sorgen, die mich nächtlicherweile quälen, hinwegspüle, — aber es kam gerade umgekehrt, denn er entfachte mein Verlangen so sehr, daß ich weinte und wehklagte, den Gerechten leid tat, den anderen aber zur Zielscheibe des Spottes wurde. Noch bleibt mir ein kleiner Trost und eine Linderung, die immer mehr schwinden — die Locke, die Du Dir beim Gelage während des Wortwechsels ausrissest und mir zuwarfst als ein Zeichen, daß Du Dich doch nicht über alles, was ich Dir schickte, ärgerst.

Εἰ δή σοι ταῦτα ἡδονὴν φέρει, ἀπόλαυε τῆς ἡμετέρας μερίμνης, κἂν ᾖ σοι φίλον διηγοῦ τοῖς νῦν μὲν μακαριωτέροις ἡμῶν, οὐκ εἰς μακρὰν δέ, ἄνπερ ὡς ἡμεῖς ἔχωσιν, ἀνιασομένοις. εὔχου μέντοι μηδέν σοι νεμεσῆσαι ταύτης τῆς ὑπεροψίας τὴν Ἀφροδίτην.

Ἕτερος ἂν λοιδορούμενος ἔγραφε καὶ ἀπειλῶν, ἀλλ᾽ ἐγὼ δεόμενος καὶ ἀντιβολῶν· ἐρῶ γάρ, ὦ Πετάλη, κακῶς. φοβοῦμαι δέ, μὴ κάκιον ἔχων μιμήσωμαί τινα τῶν περὶ τὰς ἐρωτικὰς μέμψεις ἀτυχεστέρων.

Πετάλη Σιμαλίωνι

Ἐβουλόμην μὲν ὑπὸ δακρύων οἰκίαν ἑταίρας τρέφεσθαι· λαμπρῶς γὰρ ἂν ἔπραττον ἀφθόνων τούτων ἀπολαύουσα παρὰ σοῦ· νῦν δὲ δεῖ χρυσίου ἡμῖν, ἱματίων, κόσμου, θεραπαινιδίων. ἡ τοῦ βίου διοίκησις ἅπασα ἐντεῦθεν. οὐκ ἔστιν ἐν Μυρρινοῦντι πατρῷον ἐμοὶ κτημάτιον, οὐδ᾽ ἐν τοῖς ἀργυρείοις ἐμοὶ μέταλλον, ἀλλὰ μισθωμάτια καὶ αἱ δυστυχεῖς αὗται καὶ κατεστεναγμέναι τῶν ἀνοήτων ἐραστῶν χάριτες.

Σοὶ δὲ ἐνιαυτὸν ἐντυγχάνουσα ἀδημονῶ, καὶ αὐχμηρὰν μὲν ἔχω τὴν κεφαλὴν μηδὲ ἰδοῦσα τὸν χρόνον τοῦτον μύρον, τὰ δὲ ἀρχαῖα καὶ τρύχινα περιβαλλομένη ταραντινίδια αἰσχύνομαι τὰς φίλας, οὕτως ἀγαθόν τί μοι γένοιτο.

Wenn Dir das wirklich Freude macht, weide Dich an meiner Qual, und wenn es Dich amüsiert, erzähle es denen, die jetzt glücklicher sind als ich, bald aber, wenn es ihnen so ergeht wie mir, ebenso bedauernswert sein werden. Bete aber, daß Dir Aphrodite wegen Deines Hochmutes nicht zürnt.

Ein anderer hätte Dir vielleicht Schmäh- und Drohbriefe geschrieben, ich hingegen bitte Dich flehentlich, denn ich liebe Dich rasend, Petale! Ich fürchte aber nur, wenn es noch ärger wird, es einem von denen nachzutun, die Vorwürfe in der Liebe allzu tragisch nehmen.

Petale an Simalion

Ja, wenn der Haushalt einer Hetäre mit Tränen bestritten werden könnte, brächte ich es glänzend fertig, denn die genieße ich von Dir nur allzu reichlich. Nun brauche ich aber Geld, Kleider, Schmuck und Dienerinnen, das sind die Voraussetzungen unseres Lebens. Denn ich besitze weder in Myrrhinus ein Erbgut noch Silbergruben, mein Besitz ist der Liebeslohn und die armseligen und kläglichen Liebesbeweise begriffsstütziger Verehrer.

Nun lebe ich mit Dir bereits ein Jahr, ohne daß es mir je gut ging, auch mein Kopf ist völlig verwahrlost, da ich während der ganzen Zeit kein Myrrhenöl zu sehen bekommen habe. Das Tarentinerkleid, das ich trage, ist alt und zerfetzt, so daß ich mich, bei meinem Leben, vor meinen Freundinnen schon schämen muß. Glaubst Du denn, daß ich von dem Nebendirsitzen leben kann? Aber

εἶτα οἴει μέ σοι παρακαθημένην πόθεν ζήσειν; ἀλλὰ δακρύεις· πεπαύσῃ μετὰ μικρόν. ἐγὼ δὲ ἂν μὴ ὁ διδοὺς ᾖ, πεινήσω τὸ καλόν. θαυμάζω δέ σου καὶ τὰ δάκρυα ὥς ἐστιν ἀπίθανα. δέσποινα Ἀφροδίτη, φιλεῖν, ἄνθρωπε, φής, καὶ βούλει σοι τὴν ἐρωμένην διαλέγεσθαι· ζῆν γὰρ χωρὶς ἐκείνης μὴ δύνασθαι. τί οὖν; οὐ ποτήριά ἐστιν ἐπὶ τῆς οἰκίας ὑμῖν; ... μὴ χρυσία τῆς μητρός, μὴ δάνεια τοῦ πατρὸς κομιούμενος. μακαρία Φιλῶτις· εὐμενεστέροις ὄμμασιν εἶδον ἐκείνην αἱ Χάριτες· οἷον ἐραστὴν ἔχει Μενεκλείδην, ὃς καθ ἡμέραν δίδωσί τι. ἄμεινον γὰρ ἢ κλάειν. ἐγὼ δὲ ἡ τάλαινα θρηνῳδόν, οὐκ ἐραστὴν ἔχω· στεφάνιά μοι καὶ ῥόδα ὥσπερ ἀώρῳ τάφῳ πέμπει καὶ κλάειν δι᾽ ὅλης φησὶ τῆς νυκτός.
Ἐὰν φέρῃς τι, ἧκε μὴ κλάων, εἰ δὲ μή, σεαυτὸν οὐχ ἡμᾶς ἀνιάσεις.

Βουκοπνίκτης Ἀρτοπύκτῃ

Οὐκ ἀνέχομαι ὁρῶν Ζευξίππην τὴν ἱππόπορνον ἀπηνῶς τῷ μειρακίῳ χρωμένην. οὐ γὰρ δαπανᾶται εἰς αὐτὴν χρυσίον μόνον καὶ ἀργύριον, ἀλλὰ καὶ συνοικίας καὶ ἀγρούς. ἡ δέ, ἐπὶ πλέον ἐκτύφεσθαι τὸν ἔρωτα τούτῳ μηχανωμένη, τοῦ Εὐβοέως ἐρᾶν προσποιεῖται τοῦ νεανίσκου, ἵνα τὰ τούτου κατασπαθήσασα οὕτως ἐπ᾽ ἄλλον

Du heulst. Das wird bald vorbei sein. Ich werde, wenn mir keiner etwas gibt, schönstens verhungern. Merkwürdig, wie wenig mich Deine Tränen überzeugen. Allmächtige Aphrodite! Mensch, Du behauptest, mich zu lieben und willst, daß Deine Geliebte mit Dir zärtlich ist! Du erklärst, ohne sie nicht leben zu können! Ja, habt Ihr denn nicht noch Becher zu Hause? ... Kannst Du nicht den Schmuck Deiner Mutter oder einen Wechsel vom Vater bringen? Glückliche Philotis! Mit gnädigeren Augen haben sie die Charitinnen angeblickt, was für einen Freund hat sie an Menekleides, der ihr täglich etwas mitbringt! Das ist besser als Weinen. Nur ich Pechvogel habe ein Klageweib und keinen Liebhaber. Kränze schickt er mir und Rosen wie auf das Grab eines allzu früh Dahingegangenen und die Versicherung, daß er die ganze Nacht heule.

Wenn Du mit etwas kommst, komm ohne Tränen, sonst wirst Du, nicht ich den Schaden haben.

Bukopniktes an Artopyktes

Ich kann es nicht länger mitansehen, wie diese Pferdemetze Zeuxippe den blutjungen Menschen unverschämt und mitleidlos behandelt. Er verschwendet für sie nicht nur Gold allein und Silber, sondern auch Haus- und Grundbesitz. Sie aber, in der Absicht, seine Liebe damit nur noch mehr aufzustacheln, tut so, als ob sie in den jungen Euböer verliebt sei, um auch noch dessen Besitz so zugrunde zu richten und ihre Liebe dann einem an-

τρέψῃ τὸν ἔρωτα. ἐγὼ δὲ ὀδυνῶμαι τὴν καρδίαν ὁρῶν ὑπορρέοντα τοσοῦτον πλοῦτον, ὃν οἱ μακαρῖται αὐτῷ Λυσίας καὶ Φανοστράτη κατέλιπον. ἃ γὰρ ἐκεῖνοι κατ' ὀβολὸν συνήγαγον, ἀθρόως ἀναλοῖ τὸ πολύκοινον τοῦτο καὶ αἰσχρότατον γύναιον. πάσχω μὲν οὖν τι καὶ ἐπὶ τῷ μειρακίῳ· κύριος γὰρ γενόμενος τῆς οὐσίας πολλὴν τὴν εἰς ἡμᾶς φιλανθρωπίαν ἐνεδείξατο. ὁρῶ δὲ καὶ τὰ ἡμέτερα σκάζοντα· εἰ γὰρ εἰς ταύτην ἅπαντα ἀνατεθείη τὰ προσόντα τούτῳ τῷ βελτίστῳ, καλῶς, ὦ θεοί, καλῶς ἀπολαύσομεν τῆς πλησμονῆς. ἔστι γάρ, ὡς οἶσθα, ἁπλοϊκὸς ὁ Φίληβος καὶ πρὸς ἡμᾶς τοὺς παρασίτους ἐπιεικὴς καὶ μέτριος τὸν τρόπον, ᾠδαῖς μᾶλλον καὶ γέλωτι ἢ ταῖς εἰς ἡμᾶς ὕβρεσι θελγόμενος.

Εὔπλοος Θαλασσέρωτι

Ὑπερμαζᾷς ἢ μέμηνας· ἀκούω γάρ σε λυρῳδο γυναικὸς ἐρᾶν καὶ εἰς ἐκείνης φθειρόμενον πᾶσαν τὴν ἐφήμερον ἄγραν κατατίθεσθαι. ἀπήγγειλε γάρ μοι τοῦθ' ὁ γειτόνων βέλτιστος Σωσίας, οὗτος ἐκεῖνος ὁ τὸν χρηστὸν καὶ ἡδὺν γάρον ἕψων ἐκ τῶν λεπτοτέρων ἰχθύων οὓς ἐγκολπίζεται τῇ σαγήνῃ. ἔστι δὲ τῶν ἐπιεικῶς τὴν ἀλήθειαν τιμώντων, καὶ οὐκ ἄν ποτε ἐκεῖνος εἰς

74

deren zuzuwenden. Mir blutet das Herz, wenn ich solchen Reichtum zerrinnen sehe, den ihm seine Eltern Lysias und Phanostrata seligen Angedenkens hinterlassen haben. Denn was diese obolosweise zusammengelegt haben, das bringt dieses durch alle Hände gehende, niederträchtige Weibsbild auf einmal durch. Deshalb tut mir auch dieser junge Mann recht leid, denn als er Herr seines Vermögens wurde, hat er uns seine Menschenfreundlichkeit oftmals bewiesen, nun aber sehe ich auch unsere Felle davonschwimmen. Denn wenn alles, was ihm, diesem Trefflichen, gehört, auf sie übergeht, werden wir, o Götter, erst so recht wissen, was ein voller Magen ist. Denn, wie Du weißt, ist Philebos ein argloses Gemüt und hat sich uns Parasiten gegenüber immer anständig und einwandfrei benommen als ein Mann, dem mehr an Liedern und Lachen als an kränkendem Hochmut uns gegenüber lag.

Euploos an Thalasseros

Du bist übermütig oder verrückt, denn wie ich höre, bist Du in eine Leiersängerin verliebt und läßt Dir den Besuch bei ihr den vollen Ertrag des täglichen Fischfanges kosten, was Dich ruiniert. Davon Kunde gebracht hat mir der trefflichste der Nachbarn, Sosias, es ist das jener Sosias, der die feine, schmackhafte Fischsauce aus zarten Fischen, die er im Schleppnetz fängt, zu bereiten versteht. Er gehört zu denen, die die Wahrheit über alles lieben, und ließ sich wohl noch nie zu einer Lüge ver-

ψευδηγορίαν ὠλίσθησεν. πόθεν οὖν, εἰπέ μοι, μουσικῆς σοι ... διάτονον καὶ χρωματικὸν καὶ ἐναρμόνιον· γένος ἐστίν; ὁμοῦ γὰρ τῇ ὥρᾳ τῆς παιδίσκης ἡρέθης καὶ τοῖς κρούμασιν, ὡς ὁ αὐτὸς ἔφασκεν ἀπαγγέλλων. πέπαυσο εἰς ταῦτα δαπανώμενος, μή σε ἀντὶ τῆς θαλάττης ἡ γῆ ναυαγὸν ἀποφήνῃ ψιλώσασα τῶν χρημάτων, καὶ γένηταί σοι τὸ τῆς ψαλτρίας καταγώγιον ὁ Καλυδώνιος κόλπος ἢ τὸ Τυρρηνικὸν πέλαγος, καὶ Σκύλλα ἡ μουσουργός, οὐκ ἔχοντί σοι Κράταιϊν ἐπικαλεῖσθαι, εἰ δεύτερον ἐφορμᾷ.

Θαλάσσερως Εὐπλόῳ

Τηνάλλως ποιεῖς τὴν πρός με νουθεσίαν, ὦ Εὔπλοε. ἐγὼ γὰρ οὐκ ἂν ἀποσταίην τῆς ἀνθρώπου θεῷ μυσταγωγοῦντι πυρφόρῳ καὶ τοξοφόρῳ πειθόμενος. καὶ ἄλλως ἡμῖν τὸ ἐρᾶν συγγενές, τῆς θαλαττίας θεοῦ τεκούσης τοῦτο τὸ παιδίον. ἡμέτερος οὖν πρὸς μητρὸς ὁ Ἔρως, καὶ ὑπὸ τούτου βληθεὶς τὴν καρδίαν ἔχω πρὸς θαλάττῃ τὴν κόρην, Πανόπῃ νομίζων ἢ Γαλατείᾳ ταῖς καλλιστευούσαις τῶν Νηρηίδων συνεῖναι.

leiten. Woher hast Du denn, sage mir, Deine Musik-
kenntnisse, weißt, was die diatonische, chromatische und
enharmonische Tonfolge ist? Denn Du bist, wie ich aus
dem Munde des Sosias selbst erfuhr, gleichermaßen von
der Schönheit des Mädchens wie von ihrem Spiel begei-
stert. Hör doch auf, daran Dein Geld zu verschwenden,
denn sonst wird Dich anstatt des Meeres das Land aller
Mittel berauben und Schiffbruch erleiden lassen, und
das Liebesnest dieser Saitenspielerin wird für Dich zum
Kalydonischen Meerbusen oder zum Thyrrhenischen
Meer und die Sängerin zur Skylla. Nicht wirst Du, wie
in der Odyssee, die Mutter der Skylla anrufen können,
wenn Deine Skylla wieder losstürzt!

Thalasseros an Euploos

Vergebliches Beginnen, mir den Kopf zurechtsetzen zu
wollen, lieber Euploos, denn nimmer könnte ich von diesem Weibe lassen, da ich dem Gott, der, mit Fackeln
und Pfeilen bewehrt, in die Geheimnisse der Liebe ein-
führt, gehorche. Überhaupt ist ja die Liebe uns Fischern
angeboren. Die Göttin, die aus dem Meere entsprang,
gebar diesen Knaben, der unsere ist deshalb Eros müt-
terlicherseits. Und von ihm ins Herz getroffen, habe ich
das Mädchen am Wasser und bilde mir ein, eine Panope
oder Galateia, die reizendsten der Meergreistöchter, als
Geliebte zu besitzen.

Φιλουμένη Κρίτωνι

Τί πολλὰ γράφων ἀνι˜ς σαυτόν; πεντήκοντά μοι χρυσῶν δεῖ καὶ γραμμάτων οὐ δεῖ. εἰ μὲν οὖν φιλεῖς, δός· εἰ δὲ φιλαργυρεῖς, μὴ ἐνόχλει. ἔρρωσο.

Θαῒς Θετταλῃ

Οὐκ ἄν ποτ᾽ ᾠήθην ἐκ τοσαύτης συνηθείας ἔσεσθαί μοί τινα πρὸς Εὐξίππην διαφοράν. καὶ τὰ μὲν ἄλλα ἐν οἷς αὐτῇ χρησίμη γέγονα ὑπὸ τὸν ἀπὸ τῆς Σάμου κατάπλουν, οὐκ ὀνειδίζω· ἀλλὰ Παμφίλου, γινώσκεις τοῦτο καὶ σύ, ὅσον ἡμῖν διδόντος ἀργύριον, ὅτι ταύτῃ ποτὲ ἐντυγχάνειν ἐδόκει, τὸ μειράκιον οὐ προσιέμην. ἡ δὲ καλῶς ἡμᾶς ἀντὶ τούτων ἡμείψατο τῇ κακίστ᾽ ἀπολουμένῃ Μεγάρᾳ χαρίζεσθαι θέλουσα. πρὸς ἐκείνην δ᾽ ἦν τις παλαιά μοι διὰ Στράτωνα ὑπόνοια· ταύτην μὲν οὖν οὐδὲν ᾤμην ποιεῖν παράλογον κακῶς λέγουσάν με.
Ἅλῳ δ᾽ ἦν, κἀπὶ τὴν παννυχίδα πᾶσαι, ὥσπερ ἦν εἰκός, παρῆμεν. ἐθαύμαζον δὲ τῆς Εὐξίππης τὴν ἀγερωχίαν· τὸ μὲν γὰρ πρῶτον κιχλίζουσα μετ᾽ ἐκείνης καὶ μωκωμένη τὴν δυσμένειαν ἐνεδείκνυτο, εἶτα φανερῶς ποιημάτια ᾖδεν εἰς τὸν οὐκέθ᾽ ἡμῖν προσέχοντα ἐραστήν. κἀπὶ τούτοις

78

Philumene an Kriton

Warum plagst Du Dich so mit dem vielen Schreiben?
Ich brauche fünfzig Goldstücke und keine Liebesbriefe.
Wenn Du nun Liebe verspürst, bezahle, wenn es dir
aber ums Geld ist, laß mich gefälligst in Ruhe! Adieu!

Thais an Thettale

Nie hätte ich es für möglich gehalten, daß es nach einer
so intimen Freundschaft zwischen mir und Euxippe zu
einem Bruch käme. Das übrige, worin ich ihr nützlich
war, als sie von Samos kam, will ich ihr nicht vorwerfen. Ich wies den jungen Pamphilos ab — Du weißt,
wieviel Geld er mir geschickt hat —, weil er damals
anscheinend mit ihr ein Verhältnis unterhielt, sie hat
es mir aber schön vergolten, und alles wegen der ver-
dammten Megara. Gegen die hege ich ohnedies seit
jeher einen Groll, seit der Geschichte mit Straton. Von
Euxippe hätte ich es aber nie erwartet, daß sie mich be-
schimpft.
Es war das Erntefest, und bei der Nachtfeier waren wir
natürlich alle beisammen. Ich wunderte mich über die
Unverschämtheit der Euxippe: Erst kicherte sie leise mit
jener und ließ mich durch ihr mokantes Lächeln ihre
Feindschaft merken, dann sang sie Spottlieder, die deut-
lich auf meinen Freund gingen, der mich sitzenließ. Aber
daraus machte ich mir noch weniger. Doch ihre Bosheit
ging so weit, daß sie sich über meine Schminke und

μὲν ἧττον ἤλγουν· ἀπαναισχυντήσασα δὲ εἰς τὸ φῦκός με καὶ τὸν παιδέρωτα ἔσκωπτεν. ἐδόκει δέ μοι πάνυ κακῶς πράττειν ὡς μηδὲ κάτοπτρον κεκτῆσθαι· εἰ γὰρ εἶδεν ἑαυτὴν χρῶμα σανδαράχης ἔχουσαν, οὐκ ἂν ἡμᾶς εἰς ἀμορφίαν ἐβλασφήμει. ἐμοὶ μὲν οὖν βραχὺ μέλει περὶ τούτων· ἀρέσκειν γὰρ τοῖς ἐρασταῖς, οὐχὶ Μεγάρᾳ καὶ Εὐξίππῃ βούλομαι ταῖς πιθήκοις.

Δεδήλωκα δέ σοι ἵνα μή μέ τι μέμψῃ. ἀμυνοῦμαί γὰρ αὐτὰς οὐκ ἐν σκώμμασιν οὐδὲ βλασφημίαις, ἀλλ᾽ ἐν οἷς μάλιστα ἀνιάσονται. προσκυνῶ δὲ τὴν Νέμεσιν.

Μυρρίνη Νικίππῃ

Οὐ προσέχει μοὶ τὸν νοῦν ὁ Δίφιλος, ἀλλ᾽ ἅπας ἐπὶ τὴν ἀκάθαρτον Θετταλὴν νένευκε· καὶ μέχρι μὲν τῶν Ἀδωνίων καὶ ἐπίκωμός ποτε πρὸς ἡμᾶς καὶ κοιμησόμενος ἐφοίτα, ἤδη μέντοι ὡς ἄν τις ἀκκιζόμενος καὶ ἐρώμενον ἑαυτὸν ποιῶν καὶ τά γε πλεῖστα ὑπὸ τοῦ Ἕλικος, ὁπότε μεθυσθείη, ὁδηγούμενος· ἐκεῖνος γὰρ τῆς Ἑρπυλλίδος ἐρῶν τὴν παρ᾽ ἡμῖν ἠγάπα σχολήν· νῦν μέντοι δῆλός ἐστι μηδ᾽ ὅλως ἡμῖν ἐντευξόμενος· τέσσαρας γὰρ ἑξῆς ἡμέρας ἐν τῷ Λύσιδος κήπῳ μετὰ Θετταλῆς καὶ τοῦ κάκιστ᾽ ἀπολουμένου Στρογγυλίωνος, ὃς

80

Rouge lustig machte. Es scheint ihr aber sehr knapp zu geben, weil sie sich nicht einmal einen Spiegel leisten kann, denn wenn sie wüßte, daß ihr Gesicht ganz zinnoberrot ist, würde sie mir gewiß nicht Häßlichkeit vorwerfen. Übrigens kümmere ich mich wenig um diese dummen Weiber, die Hauptsache ist, daß ich meinen Freunden gefalle, der Megara und der Euxippe, den Affen, muß ich nicht gefallen.

Darüber habe ich Dich nun aufgeklärt, damit Du mir keine Vorwürfe mehr machst. An jenen werde ich mich schon noch rächen, aber nicht durch Schimpfen und Spotten, sondern mit etwas anderem, womit ich sie am empfindlichsten treffen kann. Nemesis, ich bitte um deine Hilfe!

Myrrhine an Nikippe

Diphilos ist mir untreu geworden und hat sich ganz an die lasterhafte Thettale gehängt. Bis zum Adonisfest kam er noch häufig, wenn er mit mir bummeln und schlafen wollte. Doch schon damals war er so merkwürdig, wünschte mehr Zärtlichkeit und kam meistens betrunken, von Helix mitgeschleppt, der aus Liebe zu Herpyllis gern bei uns verkehrte. Jetzt aber wird er anscheinend meine Gesellschaft überhaupt nicht mehr brauchen, denn er liegt nun schon vier Tage hintereinander zechend im Garten der Lysis mit Thettale und Strongylion, dem Erzlumpen, der sie ihm aus Rache gegen mich als Geliebte verkuppelt hat. Ich habe Briefchen, Dienerinnen und ähnliches mehr ge-

ταύτην αὐτῷ προύμνηστεύσατο τὴν ἐρωμένην ἐμοί τι προσκρούσας, κραιπαλᾷ.

Γραμματίδια μὲν οὖν καὶ θεραπαινίδων διαδρομαὶ καὶ ὅσα τοιαῦτα μάτην διήνυσται, καὶ οὐδὲν ἐξ αὐτῶν ὄφελος. δοκεῖ δέ μοι μᾶλλον ὑπὸ τούτων τετυφῶσθαι καὶ ὑπερεντρυφᾶν ἡμῖν. λοιπὸν οὖν ἀποκλείειν, κἂν ἔλθῃ ποτὲ πρὸς ἡμᾶς κοιμηθησόμενος, εἰ δὴ κνίσαι ποτὲ ἐκείνην βουληθείη, διώσασθαι· εἴωθε γὰρ ἡ βαρύτης τῷ ἀμελεῖσθαι καταβάλλεσθαι. εἰ δὲ μηδ' οὕτως ἀνύοιμεν, θερμοτέρου τινὸς ἡμῖν ὥσπερ τοῖς σφόδρα κάμνουσι φαρμάκου δεῖ. δεινὸν γὰρ οὐ τοῦτο μόνον εἰ τῶν παρ' αὐτοῦ μισθωμάτων στερησόμεθα, ἀλλ' εἰ Θετταλῃ γέλωτα παρέξομεν.

Εστι σοι πειραθέν, ὡς φής, πολλάκις ἐφ' ἡλικίας φίλτρον. τοιούτου τινὸς βοηθήματος δεόμεθα, ὃ τὸν πολὺν αὐτοῦ τῦφον, ἀλλ' οὖν καὶ τὴν κραιπάλην ἐκκορήσειεν. ἐπικηρυκευσόμεθα δὴ αὐτῷ καὶ δακρύσομεν πιθανῶς, καὶ τὴν Νέμεσιν δεῖν αὐτὸν ὁρᾶν εἰ οὕτως ἐμὲ περιόψεται ἐρῶσαν αὐτοῦ, καὶ τοιαῦτα ἄλλα ἐροῦμεν καὶ πλασόμεθα. ἥξει γὰρ ὡς ἐλεῶν δήπου με καιομένην ἐπ' αὐτῷ· μεμνῆσθαι γὰρ τοῦ παρελθόντος χρόνου καὶ τῆς συνηθείας ἔχειν καλῶς ἐρεῖ, φυσῶν ἑαυτὸν ὁ λάσταυρος. συλλήψεται δὲ ἡμῖν καὶ ὁ Ελιξ· ἐπ' ἐκεῖνον γὰρ ἡ Ἑρπυλλὶς ἀποδύσεται.

Ἀλλ' ἀμφιβάλλειν εἴωθε τὰ φίλτρα καὶ ἀποσκήπτειεν εἰς ὄλεθρον. βραχύ μοι μέλει· δεῖ γὰρ αὐτὸν ἢ ἐμοὶ ζῆν ἢ τεθνάναι Θετταλῃ.

schickt, aber dies alles blieb erfolg- und wirkungslos. Ich
glaube, er ist dadurch nur noch aufgeblasener geworden
und verlacht mich noch obendrein. Es bleibt also nichts
anderes übrig, als ihn auszuweisen und fortzuschicken,
wenn er wieder einmal, um die andere zu ärgern, zu mir
schlafen kommen will. Denn Hochmut kann nur durch
völlige Gleichgültigkeit gebrochen werden. Wenn ich aber
auch auf diese Art nichts ausrichte, muß ich, wie Schwer-
kranke, zu einem kräftigeren Mittel greifen, denn es
wäre fürchterlich, um sein Geld zu kommen und noch
fürchterlicher, von Thettale ausgelacht zu werden.
Du hast einen Zaubertrank, den Du, wie Du sagst, oft
in Deiner Jugend erprobtest. So ein Mittel brauche ich
jetzt, das seinem aufgeblasenen Stolz und seinem Trinken
ein Ende macht. Ich werde ihm also alles mögliche ver-
sprechen und so weinen, daß er es für echt hält, und ihm
sagen, daß er die Vergeltung fürchten müsse, wenn er
mich, die ihn so heiß liebt, unbeachtet läßt, und solches
mehr werde ich ihm vormachen. Dann wird er wohl aus
Mitleid mit mir kommen, da ich ihn so vergöttere, schön
wird er dann die Erinnerung an die vergangene Zeit und
an unser Verhältnis finden und sich in die Brust wer-
fen, der unverschämte Mensch. Helfen wird mir dabei
auch Helix, denn den wird sich schon Herpyllis vornehmen.
Allerdings, Liebestränke können umgarnen und ins Ver-
derben stürzen, aber das ist mir nun schon vollkommen
gleich, — er muß entweder für mich leben oder für Thettale sterben.

Λέαινα Φιλοδήμῳ

Εἶδόν σου τὴν νύμφην μυστηρίοις καλὸν περιβεβλημένην θέριστρον· ἐλεῶ σε νὴ τὴν Ἀφροδίτην, ταλαίπωρε, οια πάσχεις μετ' ἐκείνης καθεύδων τῆς χελώνης. οιον τὸ χρῶμα τῆς γυναικός, αὐτοσανδαράκη· ἡλίκους δὲ καθεῖτο τοὺς πλοκάμους ἡ νύμφη, οὐδὲν ἐοικότας ταῖς ἐπὶ τῆς κορυφῆς θριξίν. ὅσον δὲ κατεπέπλαστο ψιμύθιον· καὶ ἡμᾶς τὰς ἑταίρας λοιδοροῦσιν ὅτι καλλωπιζόμεθα. ἀλλὰ μεγάλην εἶχεν ἄλυσιν – ἀξία γέ ἐστιν ἐν ἀλύσει διατελεῖν πλὴν οὐχὶ χρυσῇ – φάσματος ἔχουσα πρόσωπον. ἡλίκοι δὲ οἱ πόδες, ὡς πλατεῖς, ὡς ἄρρυθμοι. αἰαῖ, γυμνὴν περιλαβεῖν ἐκείνην οἷόν ἐστιν· ἐμοὶ μὲν καὶ βαρύ τι ἐδόκει προσπνεῖν· μετὰ φρύνου καθεύδειν ἂν εἱλόμην. Νέμεσι δέσποινα. ἐμβλέψαι τί μὴ δωρίδι βούλομαι ἢ μετὰ τῆς ἀλύσεως καὶ τῶν περισκελλίδων συγκεραυνοῦσθαι αὐτήν.

Ἀνίκητος Φοιβιανῇ

Φεύγεις με, ὦ Φοιβιανή, φεύγεις, καὶ ταῦτα ἀρτίως ὅλον τὸν ἀγρὸν ἀπενεγκαμένη. τί γὰρ οὐ τῶν ἐμῶν λαβοῦσα ἔχεις; οὐ σῦκα; οὐ τυρὸν ἐκ ταλάρων; οὐκ ἔριφον νεογιλόν; οὐκ ἀλεκτορίδων ζεῦγος; οὐ τὰ λοιπὰ τρυφήματα πάντα ἔστι σοι ἐξ ἐμοῦ; οὕτως ὅλον με αὐτῇ... κατὰ

84

Leaina an Philodemos

Ich habe bei den Mysterien Deine Braut gesehen, sie trug ein hübsches Sommerkleid. Bei Aphrodite, Du dauerst mich, Du Unglückswurm! Was mußt Du aushalten, wenn Du mit jener Kröte schläfst! Was die Person nur für einen Teint hat — der reine Zinnober! Und was für eine mächtige Perücke das Fräulein Braut trägt! Man sieht sofort, daß es nicht ihre eigenen Haare sind. Und wie stark sie sich schminkt! Dabei verachten sie aber uns Dirnen, weil wir uns schminken. Aber eine große Kette trug sie — sie wäre wahrlich wert, in Ketten zu sterben, allerdings nicht in goldenen, — dazu diese Larve. Und die Füße! Unförmige Plattfüße! Pfui, wie grauenhaft muß es sein, jene nackt zu umarmen! Dabei der widerliche Mundgeruch, den sie hat — lieber wollte ich wirklich mit einer Kröte schlafen. — Verdamm mich, Nemesis! Sie sehen, und ich könnte auf sie mit dem Messer losgehen oder sie wie ein Blitz samt ihrer Kette und den schönen Schubbändern zerschmettern!

Aniketos an Phoibiane

Du fliehst mich, Phoibane, du fliehst mich, und dies, obwohl Du eben erst mein ganzes Landgut davongetragen hast! Denn was von meiner Habe fehlt Dir noch? Hast Du nicht Feigen, frischen Käse, einen jungen Bock, nicht ein Hühnerpaar, bekommst Du nicht alle sonstigen Leckerbissen von mir? Auf diese Weise hast Du mich

τὴν παροιμίαν ἀνατρέψασα δουλεύειν κατηνάγ-
κασας. σὺ δὲ οὐδεμίαν ὥραν ἔχεις ἐμοῦ δια-
καῶς φλεγομένου· ἀλλὰ χαῖρε καὶ ἄπιθι· ἐγὼ
δὲ οἴσω βαρέως μέν, οἴσω δὲ ὅμως τὴν ἀτι-
μίαν.

Φοιβιανὴ Ἀνικήτῳ

Ὠδίνουσά με ἀρτίως ἥκειν ὡς ἑαυτὴν ἡ τοῦ γεί-
τονος μετέπεμψε γυνή· καὶ δῆτα ᾔειν ἀραμένη
τὰ πρὸς τὴν τέχνην, σὺ δὲ ἐξαπίνης ἐπιστὰς
ἐπειρῶ τὴν δέρην ἀνακλάσας κύσαι. οὐ παύσῃ
τρικόρωνον καὶ ταλάντατον γερόντιον, πειρῶν
τὰς ἐφ᾽ ἡλικίας ἀνθούσας ἡμᾶς ὥς τις ἄρτι γε-
νειάζειν ἀρχόμενος; οὐχὶ τῶν κατ᾽ ἀγρὸν πό-
νων ἀφεῖσαι ἀεργὸς τὴν ἀηδίαν πορισάμενος;
οὐ τοὐπτανίου καὶ τῆς ἐσχάρας ὡς ἀδύνατος ὢν
ἐξέωσαι; πῶς οὖν τακερὸν βλέπεις βλέμμα καὶ
ἀναστένεις; πέπαυσο, Κέκροψ ἄθλιε, καὶ τρέπου
κατὰ σεαυτόν, ὦ πρέσβυ, μή σε λαβοῦσα κακόν
τι ἐργάσωμαι.

Γέμελλος Σαλακωνίδι

Τί ταῦτα, ὦ Σαλακωνίς, ὑπερηφανεῖς τάλαινα;
οὐκ ἐγώ σε εἰς τοὐργαστήριον καθημένην παρὰ
τὸν ἀκεστὴν τὸν ἑτερόποδα ἀνειλόμην, καὶ ταῦτα

ganz, wie es in dem Sprichwort heißt, unterjocht und zu
Deinem Sklaven gemacht. Aber daß ich vor glühender
Liebe ganz vergehe, kümmert Dich gar nicht. Na, dann lebe
wohl und geh nur. Ich werde Deine beleidigende Gleichgültigkeit tragen, schwer zwar, aber ich werde sie tragen.

Phoibiane an Aniketos

Die Nachbarsfrau, die eben in die Wehen kam, ließ
mich kürzlich zu sich holen. Und als ich mit allen dazu nötigen Instrumenten aufbrechen wollte, fielst Du
mich unvermutet an und versuchtest, meinen Hals zu-
rückbiegend, mich abzuküssen. Wirst du nicht aufhören,
Du ganz ekliger, unverschämter Alter, uns blühende
Mädchen zu belästigen, so wie einer, der eben anfängt,
sich Mann zu fühlen. Hast Du nicht Deine Feldarbeit im
Stich gelassen, Du Faulenzer, und verschaffst uns das
zweifelhafte Vergnügen Deiner Aufmerksamkeit? Bist
Du nicht, weil Du zu nichts taugst, verstoßen von Küche
und Herd? Warum glotzt Du so schmachtend und seuf-
zest dazu? Gib Ruh', Du steinalter Kracher, und spiel
Dich mit Dir selbst, damit ich mich nicht an Dir vergreife.

Gemellos an Salakonis

Was heißt das, Salakonis, warum so überheblich Arm-
selige? Habe ich Dich nicht, als Du Dich in der Werk-
stätte bei dem Flickschuster niedergelassen hast, wegge-

θραλά τῆς μητρός, καὶ καθάπερ τινὰ ἐπίκληρον
ἐγγυητὴν ἀγαγόμενος ἔχω; σὺ δὲ φρυάττῃ, παι-
δισκάριον εὐτελές, καὶ κιχλίζουσα καὶ μωκωμένη με διατελεῖς. οὐ παύσῃ, τάλαινα, τῆς ἀγε-
ρωχίας; ἐγώ σοι τὸν ἐραστὴν δείξω δεσπότην
καὶ κάχρους ἐπὶ τῶν ἀγρῶν φρύγειν ἀναγκάσω,
καὶ τότε εἴσῃ παθοῦσα οἷ κακῶν σαυτὴν ἐνέ-
σεισας.

Σαλακωνὶς Γεμέλλῳ

Πάντα ὑπομένειν οἷά τέ εἰμι πλὴν τοῦ σοὶ συγ-
καθεύδειν, δέσποτα. καὶ τὴν νύκτα οὐκ ἔφυγον
οὐδὲ ὑπὸ τοῖς θάμνοις ἐκρυπτόμην, ὡς ἐδόκεις,
ἀλλὰ τὴν κάρδοπον ὑπεισελθοῦσα ἐκείμην ἀμ-
φιθεμένη τὸ κοῖλον τοῦ σκεύους εἰς κάλυμμα.
ἐπειδὴ δὲ κέκρικα βρόχῳ τὸν βίον ἐκλιπεῖν,
ἄκουε λεγούσης ἀναφανδόν, πάντα γάρ μου πε-
ριαιρεῖ φόβον ἡ πρὸς τὸ τελευτᾶν ὁρμή· ἐγώ σε,
ὦ Γέμελλε, στυγῶ, τοῦτο μὲν βδελυττομένη τὸ
δάσος τοῦ σώματος καὶ ὥσπερ τι κίναδος ἐκτρε-
πομένη, τοῦτο δὲ τὴν δυσχέρειαν τοῦ στόματος
ἐκ τοῦ μυχαιτάτου τῆς φάρυγγος τὴν δυσοσμίαν
ἐκπέμποντος. κακὸς κακῶς ἀπόλοιο τοιοῦτος ὤν.
βάδιζε παρά τινα λημῶσαν ἄγροικον γραῦν ἐπὶ
ἑνὶ γομφίῳ σαλεύουσαν, ἀληλιμμένην τῷ ἐκ τῆς
πίττης ἐλαίῳ.

bracht, so, als hätte ich Dich als Braut mit glänzender
Ausstattung heimgeführt, und dies hinter dem Rücken
meiner Mutter? Doch Du nichtsnutziges Mädchen sträubst
Dich und verspottest mich immer mit höhnischem Lächeln. Willst Du nicht von Deinem Stolze lassen, Unglückliche? Ich werde Dir einmal den Liebhaber als Herrn
zeigen und Dich auf dem Lande Gerste rösten lassen,
dann wirst Du unter Schmerzen einsehen, in welches Unglück Du Dich selbst gestürzt hast!

Salakonis an Gemellos

Alles bin ich bereit zu ertragen, außer mit Dir das Lager zu teilen, Herr. Ich bin nicht in der Nacht geflohen
und habe mich im Gebüsch versteckt, wie Du glaubtest,
sondern unter den Backtrog kroch ich, da lag ich versteckt,
und den Hohlraum dieses Gefäßes stülpte ich über mich.
Da ich nun entschlossen bin, mein Leben durch den Strick
zu endigen, so höre, was ich Dir offen zu sagen habe, da
mir mein Verlangen zu sterben alle Furcht nimmt. Ich
hasse Dich, Gemellos. Mir graut sowohl vor Deinem zot-
tigen Leib, von dem ich mich wie von einem Ungeheuer
abwende, als auch vor Deinem widerlichen Mund, der
tief aus der Kehle üblen Geruch strömen läßt. Mögest
Du, da Du ein solches Scheusal bist, scheußlich zugrunde
gehen! Geh doch zu einer triefäugigen, rohen, alten Vet-
tel, deren Besitz und Stolz in einem einzigen Zahn besteht und die mit Pechöl gesalbt ist.

Ἐπιφυλλὶς Ἀμαρακίνῃ

Εἰρεσιώνην ἐξ ἀνθῶν πλέξασα ᾖειν ἐς ἕρμα Φαιδρίου τοῦ Ἀλωπεκῆθεν ταύτην ἀναθήσουσα. εἶτά μοι λόχος ἐξαίφνης ἀναφαίνεται νέων ἀγερώχων ἐπ' ἐμὲ συντεταγμένων· ὁ λόχος δὲ τῷ Μοσχίωνι συνέπραττεν. ἐπεὶ γὰρ τὸν μακαρίτην ἀπέβαλον Φαιδρίαν, οὐκ ἐπαύσατό μοι πράγματα παρέχων καὶ γαμησείων· ἐγὼ δὲ ἀνηνάμην ἅμα μὲν τὰ νεογνὰ παιδία κατοικτείρουσα ἅμα δὲ τὸν ἥρω Φαιδρίαν ἐν ὀφθαλμοῖς τιθεμένη. ἐλάνθανον δὲ ὑβριστὴν ὑμέναιον ἀναμένουσα καὶ θάλαμον νάπην εὑρίσκουσα. εἰς γάρ με τὸ συνηρεφὲς ἀγαγών, οὗ τὸ πύκνωμα συνεχὲς ἦν τῶν δένδρων, αὐτοῦ που κατὰ τῶν ἀνθῶν καὶ τῆς φυλλάδος, αἰδοῦμαι εἰπεῖν, ὦ φιλτάτη, τί παθεῖν ἐπηνάγκασε. καὶ ἔχω τὸν ἐξ ὕβρεως ἄνδρα, οὐχ ἑκοῦσα μὲν ὅμως δὲ ἔχω. καλὸν μὲν γὰρ ἀπείραστον εἶναι τῶν ἀβουλήτων, ὅτῳ δὲ οὐχ ὑπάρχει τοῦτο, κρύπτειν τὴν συμφορὰν ἀναγκαῖον.

Epiphyllis an Amarakine

Ich hatte einen Blütenkranz geflochten und ging, ihn auf den Grabhügel des Phädrias aus dem Gau Alopekai zu legen. Da erscheint plötzlich eine Schar wilder Jünglinge, die gegen mich angestiftet sind. Diese Schar steckte mit Moschion unter einer Decke, denn seitdem ich kürzlich meinen seligen Phädrias verloren habe, hat Moschion nie aufgehört, mich zu belästigen und mit Heiratsanträgen zu verfolgen. Ich weigerte mich aber einerseits aus Mitleid mit meinen minderjährigen Kindern und andererseits, weil ich meinen verstorbenen Phädrias noch vor Augen habe. Doch nie hätte ich gedacht, daß mir noch eine so gewalttätige Verbindung bevorstünde und ich meine Brautkammer im Wald finden sollte, denn Moschion führte mich an den schattigen Platz, wo die Bäume ein einziges Dickicht bildeten. Und hier, ich weiß nicht, wie es kam, auf Blumen und Laub, ich schäme mich, es zu sagen, liebste Freundin, was er mich zu erdulden zwang. So habe ich nun den Mann, der durch Gewalttat mir zum Mann wurde, gegen meinen Willen zwar, doch ich habe ihn. Es ist ein Glück, von unerwünschten Zufällen verschont zu bleiben. Doch bleibt einem dieses Glück versagt, dann muß man sein Mißgeschick geheimhalten.

Αἱ ἐν Κορίνθῳ ἑταῖραι ταῖς ἐν ἄστει χαίρειν

(Scriptor incertus)

Οὐκ ἐπύθεσθε τὰ νεώτερα νῦν πράγματα; οὐκ ἠκούσατε καινὸν ἑταίρας ὄνομα; ὦ πόσον ἡμῖν ἐπιτετείχισται χρῆμα, Λαῒς ὑπὸ Ἀπελλοῦ τοῦ ζωγράφου θηριοτροφηθεῖσα. ἀθλίαι, κλείσατε τὰ ἐργαστήρια αὐτῶν, μᾶλλον δὲ καὶ ἑαυτὰς ἀποκλείσατε· μία νῦν ἐστιν ἡ τὴν Ἑλλάδα ὅλην διασοβοῦσα γυνή, μία. Λαῒς ἐν τοῖς κουρείοις, Λαῒς ἐν τοῖς θεάτροις, ἐν ταῖς ἐκκλησίαις, ἐν τοῖς δικαστηρίοις, ἐν τῇ βουλῇ, πανταχῇ· πάντες αὐτὴν λαλοῦσιν, νὴ τὴν Ἀφροδίτην, καὶ οἱ κωφοὶ διανεύουσιν ἀλλήλοις τὸ ἐκείνης κάλλος· οὕτω γλῶσσα γίνεται καὶ τοῖς λαλεῖν μὴ δυναμένοις Λαῒς. εἰκότως· ἐνδεδυμένη μὲν γὰρ εὐπροσωποτάτη ἐστίν, ἐκδῦσα δὲ ὅλη πρόσωπον φαίνεται, οὔτε κατάξηρος οὔτε κατάσαρκος, ἀλλ' οἵας λέγομεν ἡμεῖς τὰς ἰσχνεγχύλους· τρίχες ἐνουλισμέναι φύσει, ξανθίζουσαι δὲ ἀφαρμάκευτα καὶ τῶν ἀκρωμίδων ὑπερκεχυμέναι μαλακῶς. ὀφθαλμοὶ δὲ νὴ τὴν Ἄρτεμιν ὅλης σελήνης εὐκυκλότεροι· καὶ τὸ μέλαν αἱ κόραι μελάνταται καὶ τὸ κύκλῳ λευκὸν λευκότατον ...

Die Hetären von Korinth an die Hetären von Athen

(Von einem unbekannten Autor)

Habt Ihr noch nicht das Allerneueste gehört? Noch nicht den neuesten Hetärennamen gehört? Oh! Was ist da gegen uns ins Werk gesetzt worden! Lais vom Maler Apelles gebändigt! Unglückliche! Sperrt Eure Buden zu oder, noch besser, versperrt Euch selbst. Eine einzige Frau hält nun ganz Hellas in Atem, eine einzige. „Lais" in den Barbierstuben, „Lais" in den Theatern, in den Volksversammlungen, in den Gerichten, im Rat, überall. Alles führt ihren Namen im Munde. Bei Aphrodite, selbst die Stummen nicken einander ihre Schönheit zu. So gibt Lais auch denen, die nicht sprechen können, Sprache. Und mit Recht, denn angezogen hat sie das schönste Gesicht, ausgezogen ist sie ganz wie ihr Antlitz. Nicht zu dürr und nicht zu fleischig. So, wie wir sagen, mollig. Naturgelocktes Haar, naturblond, nicht gefärbt, weich über die Schultern fließend, Augen, bei Artemis, schöner rund als der Vollmond und das Schwarz der Pupillen das glänzendste Schwarz, das Weiß herum das glänzendste Weiß ...

Nachwort

Alkiphron, ein Sophist des 2. Jahrhunderts n. Chr.,
hat uns, angeregt durch die Hetärengespräche seines um
einige Jahre älteren Zeitgenossen Lukian, neben Fischer-,
Bauern- und Schmarotzerbriefen auch die Hetärenbriefe
hinterlassen. In anmutigen, teils der Pikanterie nicht ent-
behrenden Briefen, wobei der Brief als Kunstform nur
die damals moderne Einkleidung bildet, zaubert der gute
Beobachter Alkiphron ein Stück versunkener Welt, deren
Hintergrund Persönlichkeiten und Zustände im Athen
des 4. Jahrhunderts v. Chr. bilden, vor unser geistiges
Auge. Diese Briefe spiegeln Leben und Treiben der Athener wider, gewähren Einblick in die Denk- und Lebens-
weise des griechischen Menschen zur Zeit des Hellenis-
mus. Großen Männern begegnen wir in ihnen, dem
Diadochenkönig Demetrios Poliorketes, dem großen Bild-
hauer Praxiteles, dem Philosophen Epikur, dem Redner
Hypereides, den sein Phryneprozeß berühmt gemacht
hat, dem Lustspieldichter Menander, schon deswegen
stellt die Briefsammlung ein wertvolles Kulturdokument
dar. Sie ist aber nicht nur kultur- und sittengeschichtlich,
sondern auch literarhistorisch aufschlußreich. Aus den
Briefen Menanders und seiner Freundin Glykera lernen
wir Titel, Figuren und Zitate aus der neuen Komödie
kennen. Unser Autor schöpft den Inhalt seiner Briefe
zumeist aus dem unermeßlichen Schatz des hellenistischen
Dramas.
Neben dem gemütstiefen Brief, den die Flötenspielerin

Lamia an Demetrios schreibt, sind wohl die Briefe um Bakchis und Glykera als die schönsten zu bezeichnen. Man könnte die Sammlung nach ihnen „Bakchis und Glykera" nennen. Wir sehen Bakchis in ihrem öffentlichen Amt als Vorsitzende der Hetärenorganisation einen Dankbrief an den Anwalt der Phryne schreiben, hat er doch mit dem Prozeß der Phryne einen für die ganze Hetärenzunft prinzipiellen Prozeß gewonnen. Wir hören Bakchis ihre Kollegin Phryne vor Rückfälligkeit warnen und lesen ihren Boykotterlaß gegen Myrrhine. Wir wissen von ihr, daß sie den Freuden dieser Welt nicht abhold war, sonst würde Megara es kaum für nötig befunden haben, ihr einen ausführlichen Bericht über das Hetärensymposion zu geben. Mit allen weiblichen Reizen muß sie ausgestattet gewesen sein, denn selbst die beste Freundin Glykera läßt nur ungern ihren Menander zu ihr. Doch war sie treu und hielt viel auf Berufsehre, und wo sie liebte, konnten sie nicht Gold und Geschmeide anderen Sinnes machen. Zu den menschlich ergreifendsten Briefen gehört die Apologie, die ihr Freund Menekleides nach ihrem Tode auf sie schreibt. Mit vollem Recht bezeichnet er Bakchis als die „Rechtfertigung des Hetärenberufes". Ihre Freundin Glykera, die dem Lustspieldichter Menander Pflegerin, Freundin und Geliebte ist, liefert uns mit ihrem Brief an ihren Geliebten einen untrüglichen Beweis dafür, daß sich seit siebzehnhundert Jahren die Psyche der Frau nicht geändert hat. Als ihr Menander berichtet, daß er vom Ägypterkönig Ptolemaios zu einer Gastspieltournee eingeladen

worden sei, gerät Glykera trotz Bekanntgabe seines Entschlusses, den Antrag abzulehnen, schon bei dem Gedanken, Menander könnte sie verlassen, außer sich, zumal sein Brief keine Andeutung enthält, daß er unter Umständen mit ihr gemeinsam nach Ägypten reisen wolle. Da versucht nun Glykera, dem Menander klarzumachen, daß im Falle eines Zustandekommens der Reise diese nur gemeinsam unternommen werden könne.

Die griechische Hetäre war es, die die Frau von der Enge des Alltags befreite und ihre soziale Stellung hob. So leuchten die Namen großer Hetären neben denen berühmter griechischer Männer durch die Jahrhunderte, so strahlt aus der kleinen Briefsammlung Alkiphrons noch heute griechische Sonne, echte, reine griechische Lebensfreude.

Zur zweiten Auflage

Abgesehen von Erweiterungen durch Hinzufügung einiger Fischer-, Bauern- und Parasitenbriefe, die sich in Stimmung und Milieu den „Hetärenbriefen" einordnen, hielt ich es für angebracht, die Übersetzung an Stellen, wo sie mir zu frei schien, wörtlicher zu gestalten, der des Griechischen und der altgriechischen Verhältnisse nicht völlig Kundige könnte sonst manches mißverstehen. Ich möchte an dieser Stelle nicht verabsäumen, meinem Freunde Dr. Odo Gottwald, Wien, für seine freundliche Mithilfe und Durchsicht der Korrekturen zu danken.

Der Übersetzer

Reihenfolge der Briefe

97